子どもをひきつける　励まし&ユーモア話

算数授業に効く！
"とっておきの語り"
167選
4〜6年生 編

木村重夫
Kimura Shigeo

編著

☀ 学芸みらい社

まえがき

しゃべりすぎる教師

　授業中、教師はしばしば「話しすぎ」「説明しすぎ」になりがちです。教師が長々と説明すればするほど子どもはわからなくなる、とも言われます。教師が延々としゃべる授業では、子どもの目は逆にトローンとしてしまいがちです。

　しかし、そうかと言って「話さない」「説明しない」わけにはいきません。スッキリと短い解説、的確でわかりやすい説明が必要です。また、教科書にたくさん登場する**用語**の説明、教材教具のわかりやすい使い方の指示もまた教師の大切な仕事です。

子どもがイメージしやすい用語説明

　プロ教師・向山洋一氏は「仮分数」を、分母より分子が大きいので**「頭でっかち分数」**、「1と3分の2」と読む「帯分数」を**「トつき分数」**と説明しました。筆算で空位の「0」のことを**「ゆうれいの0（れい）ちゃん」**と呼び、ノートに薄く0を書かせることで位取りのミスを減らしました。向山氏は子どもがイメージしやすい言葉をつくって、算数用語を紹介し、授業で役立てました。

授業の中の "語り"

　向山氏は授業の中で様々な "語り" をされました。宇宙の広大さ、0の3つの意味、人間と犬とトカゲの脳の違い。目の前に絵を描くように描写する語りです。

　例えば、次のような "語り" です。

　あのね、みんな。小学校4年生算数のお勉強をしています。中学校では数学をお勉強します。お勉強するのは、4種類あります。

　1つは**数**。1, 2, 3, 4, 5, 6, 7, 8, 9とか、0.1, 0.2, 0.3だとか。4分の3、4分の2、5分の2だとか、全部数です。

　次はね、**量**です。2リットルとか3リットルとか、3キログラムとか5キログラムと化、30グラムとか。あるいは面積、広さ、そういうのは全部量です。その測り方を勉強します。どちらが広い、たすとどうなる、これを勉強します。

　次は図形を勉強します。三角形、四角形、丸。あるいは半分の円、二等辺三角形、いろんな図形が出てきますが、これが3つ目です。

　そして4つ目。今言った「どういうことが言えますか」という**関係**を勉強します。右と左をたすと全部10になります。これは関係です。あるいは、左が増えると右が減っていきます。これも関係です。難しい言葉でね、**数量関係**って言いますけれども。

　みんながお勉強する算数と言うのはこの4種類です。そのような見方をお勉

強するのがここの勉強なのです。　（『向山洋一算数TT授業』教育技術研究所）

　小学校、中学校で勉強する算数・数学の「全体像」を語っています。そして現在勉強していることは、その中の4つ目の数量関係なんだよ、という語りです。大きな視点です。このような語りを私たちはしているでしょうか。目の前の学習だけでなく、小学校中学校全体を視野に入れた位置づけを語ったのです。

教材・教具の使い方

　算数授業では多くの「教具」が出てきます。ノート、ミニ定規、分度器、コンパス、はかり、巻き尺、そろばん、そしてパソコンやタブレットなど、全員が一定レベルまで使いこなせるようにしたいものです。そのために、どのようなステップで、何をどのように教えるか。

　例えば分度器を教える工夫です。あらかじめ全員の分度器の中心に赤点を打っておきます。測りたい角の頂点にも赤点を書かせます。

---

①　**「中心ピタ」** ……「分度器の中心の赤点と角の頂点の赤点をそろえます」
②　**「辺ピタ」** ………「分度器の横線と角の辺をそろえます」
③　**「0から測る」** …「分度器の0度から測ります。（180度から測りません）」

　教師の指示に合わせて子どもも同じように「中心ピタ！」と言いながら作業させます。3つのごく短い言葉なので、繰り返すうちに子どもも覚えてしまいます。やがて教師の指示は不要になります。教師の説明や指示は短い方がよいのです。理想を言えば0がベストです。

　これからのGIGA時代はパソコンやタブレットが必須の教具です。その中のアプリやデータを子どもに扱わせます。全員が使いこなせるように、ステップを踏んで、的確に教えたり、サポートする必要があります。

　わかる・できる楽しい授業を組み立てる**"語り"**、教具や用語を効果的に説明する**"語り"**、子どもを励まし、やる気を引き出す**"語り"**、ときにはピシッと叱る辛口の**"語り"**。子どもをひきつける算数とっておきの**"語り"**を学年別、単元別に集めました。

木村重夫

もくじ

5

5年　算数が楽しくなる "語り"

6年　算数が楽しくなる "語り"

本書活用の"道しるべ"

1 　本書　を使って、わかる「授業」を組み立てよう！

　本書には、よくわかる楽しい授業実践が満載です。目次から「学年」「単元名」「タイトル」でヒットするページを見つけてください。発問・指示・板書・子どもの反応・留意点など、追試しやすく書いてあります。他学年の実践もご自分の学年の子どもに合わせて、アレンジして活用できます。最新単元「データの調べ方」実践や、GIGAスクールに対応した「プログラミング的思考問題」も活用してください。すき間時間に「難問」や「和算」を出せば子どもたちは熱中することでしょう。

2 　本書　を使って、「教材・教具」を使いこなそう！

　本書には、教材・教具を効果的に使いこなす実践が満載です。鉛筆、消しゴム、ノートから始まって、低学年ではブロック、百玉そろばん、二十玉そろばん、色板、竹ものさし、はかりなど。高学年ではミニ定規、分度器、コンパス、そろばん、地図、電卓そしてタブレットパソコンなどの教材・教具。これらをタイミングよく、どの子もできるように工夫した実践はきっと役立つことでしょう。

3 　本書　を使って、「語り」で子どもを引きつけよう！

　本書の目玉が「語り」です。全員の子どもをグイッと引きつける「語り」に挑戦してみませんか。算数の学習内容につながる「語り」、深める「語り」、広げる「語り」…。宇宙、生き物、脳科学、数と人間の歴史、不思議で美しい数学の語り。

　場面を絵に描くような「語り」をすることで、子どもたちはシーンと集中するでしょう。「先生、またお話して！」とリクエストが出ます。「勉強ができるようになるには」「すぐあきらめがちな子には」など、学習ルールや規律を「お説教」ではなく「描写」で語ることで子どもたちにジワリと浸透していくのが「語り」です。各ページの「語りのポイント」を参考にぜひ挑戦してみてください。

木村重夫

1 実物を見せて趣意説明をする
★子どものノートと本を子どもに見せる

原実践者：向山洋一／ライター：林　健広

教室での語り

　算数が得意な人もいれば、苦手な人もいます。

　算数が得意な人には、いくつか共通点があります。

　その１つが、ノートが丁寧だ、ということです。

　このノートは、昨年、林先生が教えた子ども達のノートです。きれいでしょう。

　この子は、最初は、算数が苦手だ、苦手だ、と言っていたのです。

　でも、こうしてノートをきれいに書くようになって、算数テストの点数がどんどんよくなりました。２学期の終わりくらいには、ほぼ毎回100点満点でした。

　ノートをきれいに書くと、算数が得意になっていくのです。

　ぐちゃぐちゃなノートだと、計算間違いが増えます。

　あれ、わからないなあというとき、ノートを見返しますね。でも、ぐちゃぐちゃなノートだと、いつ、どんなお勉強したのか、見返すことができません。

　林先生だけが言っているわけではありません。この本、何て書いてありますか？

　そう！『東大合格生のノートはどうして美しいのか？』と書いてありますね。

　計算と計算の間が指二本分空いている、筆算を堂々と大きく書くなど、ゆったり丁寧にノートを使いましょうね。

語りのポイント

＊教師が「ゆったり丁寧に書きなさい」と言っても、子どもにはなかなかイメージはわかない。前に教えた子どものノートの実物を見せる。

＊教師の趣意説明だけでは、高学年は納得しない。本が必要だ。

情報BOX　原実践：向山洋一『向山洋一デジタルアーカイブ DVD　小数のかけ算とわり算　その１』NPO TOSS、P.13
「学力の伸びる子には、共通する点があります。第一は、ノートの書き方が丁寧なことです」

〈勉強ができるようになる"語り" ②線を引くときはミニ定規で〉

2 ミニ定規の良さを子どもに体感させる
★教師の語りだけで子どもは納得しない

原実践者：向山洋一／ライター：林　健広

教室での語り

みんなに良い物を渡します。

ミニ定規です（東京教育技術研究所HPから購入できます。1つ120円）。

みんなが今使っている定規に比べて、短いですね。

短いですから、すばやく定規を動かすことができます。

ノートに線を引くときに、便利です。

賢い子どもは、ミニ定規を使っています。

中国に上海市実験学校という学校があります。中国での有名な小学校です。

その学校の子ども達もミニ定規を使っています。

イギリスの小学校、とくに最優秀なクラスでも、ミニ定規を使っています。

算数が得意になるためには、定規がいい、使いやすいミニ定規が良い。と、外国の先生達も思っているのですね。

このミニ定規、みんなに1つずつプレゼントします。先生は、みんなに賢くなって欲しいからです。これから算数の授業では、ミニ定規を使いましょうね。（配る）

試しに、線を引いてごらんなさい。

ねぇ、太郎君が今言いましたが、線がとても引きやすいですね。

先生から、みんなへのプレゼントです。

語りのポイント

＊教師が語るだけでは、ミニ定規の良さを子ども達は納得できない。実際に使わせることが、子どもは一番納得する。

＊私は、クラスの子ども達の人数分購入して、プレゼントしている。

情報BOX　原実践：向山洋一『教え方のプロ・向山洋一全集24』明治図書、P.93
「分数の式や図をかくとき、必ず定規を用いるということである。定規を使って線が引けるということは、物事にていねいに取り組めることにつながる」

③ エピソードで趣意説明する
★日本の宇宙開発の父・糸川英夫のエピソード

原実践者：向山洋一／ライター：林　健広

教室での語り

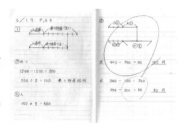

１冊の本を紹介します。

日本ロケットの父と呼ばれている糸川英夫さんです。日本のロケット研究の第一人者です。

糸川さんが、ある日、小学生に算数を教えることがありました。

友達のお子さんが、算数が苦手だというので教えてあげたそうです。

すると、糸川さんは、びっくりしました。

算数が苦手な子どもの様子を見て、です。

実際の教室の語り→

何に驚いたと思いますか。

それは、計算間違いを、すぐに消しゴムで消したそうです。

糸川先生が書いています。

「これは厳しくなおさなければと確信したから、『間違えたら消しゴムで消さないで、大きなバッテンをつけなさい。そうしておけば、ノートを見るたびにその間違いがわかるから、同じ間違いを二度としなくてすむんだよ』と指示した」（糸川英夫『糸川英夫の頭を良くする法』ロングセラーズ、P.126）

間違いは、宝物です。消しゴムで消してはいけません。

大きく×をつけて、その横に、正しい答えを書きます。

語りのポイント

＊教師が1回語っただけで、子どもが消しゴムで間違いを消さなくなると思わないほうがいい。何度も何度も、趣意説明が必要だ。

＊糸川英夫がいかにすばらしい方なのか、という権威付けが大事である。

情報 BOX

原実践：向山洋一『教え方のプロ・向山洋一全集24』明治図書、P.93
「算数ノートには消しゴムを使わせないということである。間違えた所こそ大事なのである。消してしまったら、どう間違えたかがわからなくなってしまうからである」

4 脳の話をする
★子どもは脳の話が大好きである

原実践者：向山洋一／ライター：林　健広

教室での語り

脳は、すぐに忘れるようにできています。

嫌なことをずっと覚えていたら、困るでしょう。

でも、漢字とか計算とか、大事なことは、早く覚えて欲しいですよね。脳はね、繰り返しくる情報は覚えます。ほら、漢字も何度も何度もノートに書きますね。繰り返し書くから、覚えるのです。1回、2回の練習だと、脳は「それほど大事じゃないんだなぁ。じゃあ、忘れちゃえ！」と忘れるんですね。

算数も一緒です。算数ができるようになりたければ、繰り返しです。でも、できた練習問題は、もうしなくていいのですよ。

できなかった問題だけ、できるようになるまで、何回も何回も何回も練習すればよいのです。

できた問題は、／で消す（教師が黒板に斜め線を書く）。

できなかった問題は✓しておく。そして、家で復習する。また、間違えたら、✓。また間違えたら、✓。できるようになったら／で消す。こうすると、脳が覚えてくれるのですね。

『数学は暗記だ！』という本があります。和田秀樹さんという有名な塾の先生です。和田さんも、できた問題、できなかった問題をチェックするように書いています。

読みたい人は、言ってくださいね。

語りのポイント

＊子ども達は脳の話が、大好きだ。脳の話から、できた問題と間違えた問題に印につなげていく。

＊話の内容も大事だが、それ以上に、教師が笑顔で楽しそうに語ることが大事である。楽しい話を、楽しそうにする。

情報BOX　原実践：向山洋一『教え方のプロ・向山洋一全集24』明治図書、P.93

「教科書の練習問題にきちんと印をつけられるようになれば、その学年の水準以上の力はつく。私のクラスでは子どもに印を必ずつけさせる。また、間違えた問題は、あとでやり直しをさせる」

5 意欲と態度「ノミの話」
★全力で取り組むことの大切さを語る

原実践者：師尾喜代子／ライター：津田奈津代

教室での語り

　ある研究者がノミを研究していました。ノミの体長は１mmぐらい、すごく小さい生き物です。長年の研究の結果、１mの高さをジャンプできるスーパーノミを開発しました。１mというのは、人間で考えると、50mぐらいの高さを軽々ジャンプすることができるということです。

　このスーパーノミを10cmの高さの箱に入れます。しばらくその箱の中でノミは跳びます。1週間観察しました。1週間後……。この箱を取りのぞいてやりました。どうなったでしょうか？

　そのノミは10cmの高ささしか跳ぶことができないそうです。1週間前は、１mの高さを跳ぶことができていたのに、今では10cmしか跳べなくなっているのです。５cmの箱に入れると……５cmしか跳べなくなってしまうのです。本当は力があるのにできるのに、自分で「まあこれくらいでいいや」と思い、全力を出さないと、本当にそこまでの力になってしまう……ということを言っているのではないでしょうか。

　箱のノミと同じように100％の力を出さずに、例えば50％の力しか出していない。そうすると本当は力があるのに、50％の力しか出せなくなってしまうのです。普段から一生懸命やる全力でする、そのことがその人の力を伸ばしていくのです。

語りのポイント

＊算数の授業開きで、意欲を持って取り組むことの大切さを「ノミの話」の例えを使って語ることで、イメージさせやすい。

＊授業開きのほかに、行事での取り組みなどで、意欲付けのために語ることも適している。

情報BOX　原実践：師尾喜代子（TOSSランド）『全力ですることの大切さ〜ノミの話〜』（師尾喜代子氏の追試、小林聡太氏作成）
心理学で、「ノミのサーカス」「ノミとコップ」「ノミの法則」等というタイトルで語られる有名な例え話である。

6 意欲と態度 「わかんねー」の神様
★マイナス言葉には、語りで諭す

原実践者：向山洋一／ライター：津田奈津代

教室での語り

　みんなの周りの空中には、いろんな神様がいるのですよ。

　お金持ちにしてくれる神様もいるし、勉強ができるようにしてくれる神様もいるし、反対に勉強ができなくさせてしまう神様もいます。

　神様は、自分の仲間を探しています。

　誰かが、「わかんねー」と叫んだとします。

　その時、空にいるたくさんの「わかんねー」神様が、『そら、ここに仲間がいる！』といって、どーっと押し寄せて来ます。

　「わかんねー」という所に押し寄せてきてしまいます。

　だから、「わかんねー」と叫ぶたびに、本当にわからなくなってしまうのです。

　反対に、「これおもしろそう！」という子や、「やってみよう！」という子の所には、勉強ができる神様がいっぱい押し寄せてきます。だから、だんだん勉強ができるようになるのですよ。

　みんなは、どっちの神様と仲良くなりたいですか？

　先生は、みんながひとり残らず勉強ができる神様と仲良くなって欲しいなあ。

語りのポイント

＊「この話は、低学年には、もろにうけました。高学年でもけっこう効き目がありました」と、向山氏は述べている。

＊「子どもは先生のお話が好きです。先生が旅行した話など、大好きです。私はグレー・レンズマンの本の話をよくしてあげました。宇宙の話もしました。旅の話はもちろんしました。成功した人の話もしました。子ども達は毎日のように『先生のお話して』と言っていました。子ども達にお話をしていますか？教師自身が体験したことがいいのです」とも。

情報 BOX　原実践：向山洋一（『TOSS授業夢の競演』での向山洋一氏の語り、2007年）
『教育トークライン2007年8月314号』（東京教育技術研究所）、『向山の授業理論006 すぐれた教師の条件②』（TOSSメディア）に実演したことが記載されている。また、TOSS-SNS 2007年向山洋一氏ダイアリーに詳細がある。

7 向山氏の語り「宇宙の大きさ」

★千億を数字で書くことで、宇宙の大きさをイメージさせる

原実践者：向山洋一／ライター：赤塚邦彦

教室での語り

1 みんなが住んでいる地球。それは太陽の周りを回っています。太陽の家族です。太陽家族の一員です。太陽の一番内側を回っている星、知っているかな。(指名：水星)(以下、海王星までコンテンツで示し、名前を出す)

2 これら全部が太陽の家族です。太陽系といいます。この太陽系と同じようなのがたくさん宇宙に集まっています。どのくらい集まっているかというと、このくらいです。読んでごらんなさい。(千億)

3 地球から見ると、この「1000億」というのは星の集まりのように見えます。これ全体に名前がついています。知っている人は手を挙げてごらん。(天の川)

4 天の川は銀河ともいいます。この宇宙のことを銀河系宇宙といいます。

5 銀河系宇宙のお隣さんにも星の固まりがあります。アンドロメダ星雲です。銀河系宇宙からアンドロメダ星雲まではものすごく遠い。光のスピードではだいたい250万年かかってしまう。

6 銀河系宇宙、アンドロメダ星雲、このような宇宙がさらにはこれだけあります。読んでごらん。(千億)太陽系の集まりが千億×千億あるということですね。

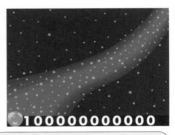

100000000000

語りのポイント

①宇宙への興味をもたせるため、子ども達にとって身近な地球、太陽という用語から扱う。

②千億を100000000000と数字で提示すると子どもの驚きも大きくなる。

③教師が楽しそうに語る。

情報BOX 原実践：向山洋一（『向山洋一の算数TT授業大きな数』東京教育技術研究所）

本授業の授業コンテンツは、右のQRコードからダウンロードできます。

8 兆よりも大きい数（無量大数）

★地球1周の長さ、重さから導入し、興味をもたせる

ライター：赤塚邦彦

教室での語り

1 地球です。地球を1周すると、□m。

読んでごらんなさい。（指名）

そう。4000万mですね。

2 地球の重さを量ります。

書きますよ。0がたくさんありますね。

0が19こ も ある。これは、5秭（じょ）9721垓（がい）9000京（けい）と読みます。

3 聞いたことのない読み方ばかりですね。

これ以上大きな数の読み方はあるでしょうか。

あると思う人？

ないと思う人？

4 あるのです。

一緒に読んでみましょう。（穣、溝、澗、正、載、極、恒河沙、阿僧祇、那由他、不可思議、無量大数）

5 万は1のあとに0が4こ。それぞれ4こずつ増えていきます。無量大数は1のあとに0が何と68こ。とても大きい数ですね。日本では江戸時代の「塵劫記」という算数の本に載っていました。

1周すると…

地球

約40000000m

重さは…

地球

約59721900000000000000000000kg

語りのポイント

①地球の1周の長さや、重さを表す数字は、算用数字で書き、数の大きさをイメージさせる。

②**5**の1のあとに0がいくつつくかというところは、1つずつ扱い、子ども達がそのからくりに気づいたときに大いに褒める。

情報BOX　原実践：桜井進『算数なるほど大図鑑』ナツメ社、P.28,29

無量大数には「あまりに大きくてこの世のものに思えない」という意味、載には「大地に載せられないほど大きな数」という意味がある。授業コンテンツは右のQRコードから。

⑨ 曽呂利新左衛門のごほうび
★具体的に計算した結果を見せることでイメージできる

原実践者：向山洋一／ライター：赤塚邦彦

教室での語り

１ 豊臣秀吉には優秀な家来がいました。曽呂利新左衛門といいます。

あるとき、秀吉は新左衛門をとてもほめて、ごほうびを与えることにしました。

２ 曽呂利新左衛門は秀吉に言いました。

「ごほうびでしたら、お米を少々下さい。今日は１粒、明日はその倍の２粒、明後日はその倍の４粒、次の日は８粒というように１ヶ月（30日間）いただきたいのです」

３ 秀吉は欲のない奴と許しましたが、あとで青い顔をしました。新左衛門は何升の米をもらったのでしょう。

４ まずは、30日目にもらった米の計算をしましょう。ノートに書いてごらん。

５ 30日目には、536870912粒もらうことになったのですね。

６ 536870912粒というのは、升という単位で考えると8281升、１俵＝40升と考えると、大きな米俵200俵以上にもなります。

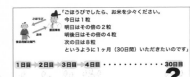

語りのポイント

① 秀吉や新左衛門のイラストを用意し、語りの世界に入りやすい状況を準備する。

② 語りながら、具体的な数字を示すことで、イメージをもたせる。

③ 升は現在の子どもがイメージしづらい場合、俵に変換する。

情報BOX　原実践：向山洋一『教え方のプロ・向山洋一全集24』明治図書、P.145

紹介した書籍の中には、他にも「プロタゴラスの話」や「地球の半径と赤道の問題」など良問が多く掲載されている。授業コンテンツは右のQRコードから。

10 グラフ読み取りの基本型

★「グラフ3点セット」と「グラフもう2点セット」と名称をつける

原実践者：向山洋一／ライター：赤塚邦彦

教室での語り

1　グラフなどの資料を読み取るときには3点セットがあります。「グラフ3点セット」言ってごらんなさい。

2　1つめは「表題」です。グラフなどの資料が何を表しているかという名前です。

3　このグラフ。もし、表題がなかったら何のグラフかわかりますか。（指名）わかりませんね。必ず表題を確認します。

4　2つめは「出典」です。そのグラフの出どころです。出典がない資料は誰が作ったものかわからない、怪しい資料です。出典を確認しましょう。

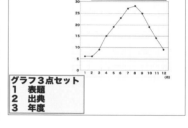

グラフ3点セット
1　表題
2　出典
3　年度

5　3つめは「年度」です。その資料がいつ作られたかということです。これがなければいつのデータかわかりません。必ず確認しましょう。

6　この次に「グラフもう2点セット」を覚えましょう。

たてじくと横じくです。

7　たてじくは、数を表すものが入ります。気温の「度」や長さの「m」などです。

8　横じくは、時を表すものが入ります。「月」や時刻の「時」などです。

語りのポイント

「さらに5つのポイント」がある。「①だんだん上がる、②だんだん下がる、③突然上がる、④突然下がる、⑤変わらない」の5つだ。これらを押さえておくと、社会科の資料の読み取りでも大いに役立つ。

情報BOX　原実践：向山洋一『向山型算数教え方教室』2007年7月号、明治図書、P.5
本稿では、向山氏が述べている第一、第二のことを語り化した。前掲書には第三、第四のこととグラフを扱うときに必要なことが書かれている。授業コンテンツは右のQRコードから。

11 わり算「うつす」を入れる

★手順に「うつす」を入れることで思考の流れが可視化される

原実践者：向山洋一／ライター：中田昭大

教室での語り

1　「52÷4。**答え、商はAにたちますか、Bに
たちますか。Aだと思う人、Bだと思う人、A
にたちます。**Aですね。Aに答えがたちます」

2　「2を人差し指で隠します。5と4が残った
のではっきりわかりますね。何がたちますか。
（子ども：1です）1です。1と書きます」

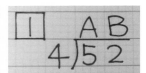

3　「次、何をしますか。（かけます）かけますね。
何と何をかけますか。（4と1をかけます）4
と1をかけますね。となりに堂々と筆算を書い
て計算しなさい」

　「次、何をしますか。（うつします）どこに何
をうつしますか。（5の下に4をうつします）
5を4の下にうつします」

　「次、何をしますか。（ひきます）何から何をひきますか。（5から4をひき
ます）5から4をひきます。ひいてくださ
い。1になりますね」

　「次、何をしますか。（おろします）何をお
ろしますか。（2を1の横におろします）2
を1の横におろします」

◆これ以降も『たてる→かける→うつす→ひ
く』の繰り返しで商が出る。

**情報
BOX**

原実践：向山洋一『2002日本教育技術学会模擬授業映像（わり算の筆算）』
可能であれば、このDVDを何度も見て、シャドーイングすることをおすすめする。文字で
は伝わりにくい声のトーン、間、表情などがわかり、授業力の向上につながる。

12 商の見つけ方「×をして書き直す」

★×をして式を書き直すことは手間だが、わり算ができるようになるためには譲れない

原実践者：向山洋一／ライター：中田昭大

教室での語り

1 「86÷23。答え、商はＡにたちますか、Ｂにた
ちますか。Ａだと思う人、Ｂだと思う人、Ｂにたち
ます。Ｂですね。Ｂに答えがたちます」

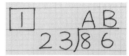

2 「86の中に23がいくつ入るかと考えるわけです
が、このままでは考えにくい。一の位を人差し指で
隠します。8と2が残ったのではっきりわかります
ね。何がたちますか。（子ども：4です）4です。
4と書きます」

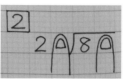

3 「次、何をしますか。（かけます）かけますね。何
と何をかけますか。（23と4をかけます）23と4
をかけますね。堂々と筆算を書いて計算しなさい」

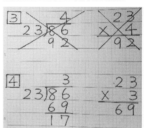

　「次、何をしますか。（うつします）どこに何をう
つしますか。（86の下に92をうつします）86の下に92をうつします。引く方
の数が大きいからできません。大きく×をつけなさい」

4 「もう一度、86÷23を書きなさい。もう一回やり直します。**ノートにいっ
ぱい×がついた子がお勉強できるようになるんだなあ**」

　「4では大きすぎました。次、どうします
か。（1つ小さい3を商にたてます）1つ小
さい3を商にたてます。3を商にたてて、補
助計算を書きなさい」

◆これ以降も同じ手順で進めると商が出る。

語りのポイント

＊太字の部分は、教師が本心から
そう思い、力強く語る。

情報BOX　原実践：向山洋一『2002日本教育技術学会模擬授業映像（わり算の筆算）』
「ミニ定規を使って線をかく」「間違いには×をつけ消しゴムを使わない」などの学習のしつ
けも見ることができる。学びの宝庫である。

13 「中心ピタ、横線ピタ」
★シンプルで覚えやすい分度器の測り方

原実践者／ライター：木村重夫

教室での語り

■ 分度器の中心に目印の赤点

あらかじめ全員の分度器の中心に、赤い油性ペンでクッキリとした点を打っておく。測りたい角の頂点と分度器の中心をそろえるときの目印になる。

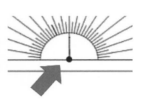

■ 「頂点グリグリ」

測りたい角の頂点に、赤鉛筆で **「頂点グリグリ」** と言いながら赤い点をかかせる。

■ 「中心ピタ」「横線ピタ」

測りたい角の頂点の赤点と、分度器の中心の赤点を **「中心ピタ」** と言いながらそろえる。

分度器の横線と角の横線を **「横線ピタ」** と言いながらそろえる。

■ 「0から測る」

2つの数値のどちらを計測するかは重要である。基準は「0」。

■ 短くわかりやすい指示は子どもが口ずさむ

①**「頂点グリグリ」**　②**「中心ピタ」**　③**「横線ピタ」**　④**「0から測る」**

教師の短い指示を復唱するうちに子どもは覚えてしまう。分度器操作の手順が明確になり、作業が安定する。教師の指示や説明は短い方がよい。

情報 BOX　分度器はできれば同じものを共同で購入したい。不透明なものや数字が読みにくいもの、形が大きく違うものは指示が通りにくい。下端の部分（黒）がない便利な分度器も市販されている。

14 角の話・角度の話
★教師の失敗談はエピソード記憶となる

原実践者：木村重夫／ライター：勝田　仁

教室での語り

①中心ピタ　②横線ピタ　③0から測る

先生ね、これをわかりやすくしようとして失敗しちゃったことがあるんです。

昔教えた子がね、間違えるんです。何人も。テストのとき先生が測ると、角度が5度くらい違うんです。これが何人もいるんです。

「おかしいな」と思ったら、「中心ピタ」が違ったんです。その時の話をするね。

先生は、⓪赤グリグリ、①赤ピタ、②線ピタ、③0ピタ、という言葉を使っていたんです。赤ピタが、中心ピタのことですね。

この、前の、赤グリグリが問題だったんです。

「赤グリグリ」

先生が言うと、生徒は張り切ってグリグリします。

その時、赤鉛筆のグリグリ丸が、大きすぎたんですね（3センチほどの赤丸を板書）。

そうしたら、「中心ピタ」のとき、ちょっとずれる子が続出しちゃったんです。合ってるつもりだったのにね。

先生の赤グリグリ、赤ピタ、線ピタ、0ピタ、おもしろそうだな。使ってみようかな、っていう人？

赤グリグリは、「小さい声」で言いましょうね。

語りのポイント

＊教師の失敗談は、笑いとともに、子どもの心にエピソード記憶として残る。記憶に感情やその時の情景が付加されるので、強く印象に残り、忘れにくくなる。あくまで明るく。教師が前で実例を示しながら話すとよい。

情報BOX

原実践：木村重夫
①中心ピタ　②横線ピタ　③0から測る
は、本書の前ページで木村氏が記述している。

15 小数の話（もしお金だったら、大変！）

★小数点と位取り。国によって区切りの印が全く逆

ライター：勝田　仁

教室での語り

小数点、日本では点を書きますね（写真の通りＡを板書する）。

世界には、「小数点」に「点」を書かない国があります。

点ではなく、何を書くのでしょう。

ヒントはこれです（写真の通りＢを板書する）。

そう、コンマです。

例えばヨーロッパの大きな国３つは、小数点にコンマを使います。

どこだと思いますか。（ヒント：①ワイン　②パリ　③国旗を見せる　など）

「フランス」

（①フランクフルト②ビール③国旗を見せるなど）

「ドイツ」

（①パスタ②ピザ③国旗を見せるなど）

「イタリア」

今、出た国の名前を、１つでも聞いたことあるよ、と言う人？

世界の半分くらいの国が、小数点にコンマを使います。

だから、フランスやドイツ、イタリアの人とお金の話をするときには気を付けなければなりません。10,000円（1万円）で売ろうとしたものが10.000円（10円）と勘違いされてしまうからです。

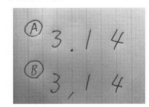

語りのポイント

＊フランス、ドイツ、イタリアの料理や飲み物の写真を提示できるとよい。日本でもよく見かける料理の写真がよい。華やかな写真であればもっとよい。

＊実物ならなおよい。ワインボトル、ビール缶はすぐ準備できる。

情報BOX

これらの国では、「点」は「桁の区切り」として使う（フランスは空位）。例：10.000円　日本では10,000円のこと。点とコンマの使い方が逆。アメリカやイギリスは、日本と同じ。インターネットには、この話題に関する情報が多く出ている。検索：小数点　世界。

16 小数の話（面白いエピソード）
★難問「5÷7の小数第百位の数字は何か？」で循環小数に気づかせる

ライター：中田昭大

教室での語り

「**5÷7の小数第百位の数字は何ですか。ノートに解いて、できたら先生に見せに来なさい**」

解けそうで解けない問題。いわゆる難問です。難しいという反応が出ますが、乗り越えてくるだろうと信じて待ちました。

しばらくしてAさんがノートを見せに来ました。

5÷7＝0．714285714285714285…
100÷6＝16あまり4　　　小数第百位は『2』

【714285】の6つの繰り返しになっていることに注目して100を6で割ったのです。16あまり4になったので、4番目の数字である『2』が小数第百位であると気づきました。正解を告げると教室に歓声が響きました。Bさん、Cさんも同じ考え方で答えを求め続きました。

「**Aさん、考え方を説明してください**」

「**Aさんは、6つの数字が繰り返していることに気づきました。これを**循環小数**といいます**」

◆後日、小数第百位まで書き出して見せに来る子がいるかもしれない。地道に取り組んだこの方法も素晴らしいと認め、力強くほめてあげたい。

語りのポイント

＊教師が多くを語るのではなく大切なポイントを見つけさせる。
＊家で循環小数について調べさせる。次の日に交流すると面白いエピソードが集まる。
＊4÷8、1÷5などの計算を学習した後に実践するとよい。

情報BOX

参考文献：『算数教育指導用語辞典　第4版』教育出版、P.177
無限小数の中でも、0.33…、0.233…、0.2727…のように、一定の数字が繰り返しているものがある。このような小数を循環小数といい、分数であらわすことができる。

17 向山式そろばん指導①
★シンプルに変化のあるくり返しを

原実践者：向山洋一／ライター：勝田　仁

教室での語り

『教室ツーウェイ』1996.5月号に、向山洋一氏がそろばん指導を載せている。氏は言う。**「これだけの授業で、子どもはソロバンが大好きになった。」**追試する方のため、原実践に忠実にありたい。よって第1時（1日目）を中心に引用する。※以下太字枠囲みは引用。

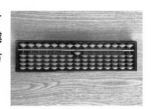

基本をきちんとさせる。

①まずは「ご破算で」と、ソロバンを整えること。②ソロバンの下に何もないこと。③左手ではじを押えること。以上3点を確認。

1日目

> **いきなり、ソロバンを使わせた。**
> **「ご破算で、願いましては、1円なり、1円なり、1円なり、1円では」**
> **「4円」と子どもの声がひびく。**
> **「ちゃんと、点のある所に置いてありますか。そこが基準ですよ」と確かめる。**
> **「下の玉は、親指であげるのですよ。親指しか使いません」**
> **そしてもう一度やってみる。**
> **「ご破算で、願いましては、1円なり、1円なり、1円なり、1円なり」**
> **1回やりながら、1つのことを教えていく。（略）**
> **「次は、少しむずかしいですよ。**
> **ご破算で願いましては、11円なり、11円なり、11円なり…」**
> **親指ではじくのだけを練習する。**

情報BOX 原実践：向山洋一『教室ツーウェイ5月号』明治図書、1996年、P.60-61
向山氏は、毎回15分ずつの6回指導したとし、そのうち初めの4回を載せている。1日目：親指の使い方、2日目：人差し指の使い方、3日目：親指と人差し指を同時に使う、親指と人差し指を別々に使う、4日目：その続き。

18 向山式そろばん指導②

★シンプルに変化のあるくり返しを

原実践者：向山洋一／ライター：勝田　仁

〈前ページからの続き〉

> 最後は4桁「1111円なり」である。（略）
> 次は、「2円なり……」「22円なり」とすすめる。
> そして、次のような変化にする。
> 「願いましては、121円なり、212円なり、110円では」
> これは、子どもにはけっこうむずかしいのだ。

2日目

> 五玉を人さし指で入れることを教える。
> 「5円なり、2円なり、1円では」というようになる。
> そして、途中で5円を入れるように変化させる。
> 「2円なり、5円なり、2円では」
> これも、4桁までやる。

3日目

> 親指・人さし指同時に入れる「6円」などを教える。
> 「6円なり、2円なり、1円では」　これも、次々に変化させる。

5玉でのくりあがりを教える。

> 「3円なり、3円では」「足す3がないから5を足してしまうの。5は人さし
> 指で入れるんだよ。
> でも、本当は3だから2多い。それで2をへらすんだ」「33円なり、33円では」

4日目

> 「4円なり、4円なり」とか「3円なり、2円では」というように変化させる。
> ここらへんは、大変むずかしい。

情報 BOX

原実践：向山洋一『教室ツーウェイ』明治図書、1996年5月号、P.60-61
「私の授業は、まず「全員にソロバンを用意させる」ことから始めた。家にない人は学校の
ものを貸し出す。2時間扱いとなっているが、毎回15分ずつの6回とした。小さなことだ
が、ソロバンをやるには大切なことだ」

19 1＝0.99999…（無限）か？
★数学の世界の不思議さと奥深さを伝えるエピソード

ライター：中田昭大

教室での語り

「数学の世界では『1＝0.99999…』が成り立ちます」

「1と0.99999…がなぜ等しいのか不思議に思う人もいるでしょう」

「私たちの感覚と矛盾する数式ですが、それを証明する方法があるようです」

1 両辺に3をかける方法

「1／3を小数であらわすと1÷3＝0.33333…です」

「両辺に3をかけます。『1＝0.99999…』となります」

2 たし算で2にする方法

「1＋1＝2ですね」

「『1＝0.99999…』なら1＋0.99999…＝2のはずです」

「実際に計算をしてみると、1.99999…です」

「2に限りなく近づくので、『1＝0.99999…』となります」

3 1との差で考える方法

「1と0.9の差はいくつですか。（0.1）」

「1と0.99の差はいくつですか。（0.01）」

「1と0.999の差はいくつですか。（0.001）」

「1と0.99999…の差は0.00000…1ですね。
差は無限に小さくなります」

「無限に小さくなることは違いがないということなので、『1＝0.99999…』となります」

語りのポイント

＊難しい内容なので、明るくテンポよく軽快に語る。

情報 BOX 『1＝0.99999…』を証明する方法は、インターネットやYouTube等に数多くアップされている。上記の3つ以外の方法もあるので見ておくとよい。

20 必ず正解にたどりつく体験
★最高5回×をつければ正解する計算

原実践者／ライター：木村重夫

教室での語り

❶　これから特別な計算をします。「面倒くさい！」と思う人がいるかもしれません。でも、一生のうち、今しかやらない大切な計算です。90÷19。筆算の形に描きなさい。ミニ定規使っていますか。

①　商はAに立ちますかBに立ちますか。Bですね。

②　90の中に19がいくつあるか。このままでは考えにくい。両方の一の位を指で隠します。

③　9÷1＝9　商に9を立てます。
　　補助計算19×9＝171。引けません。

④　引けないときは、筆算と補助計算に×をつけます。

⑤　1つ小さい8を立てます。
　　補助計算19×8＝152。引けません。
　　引けないときはどうしますか。×をつけます。

⑥　次どうしますか。1つ小さい7を立てます。
　　19×7＝133。まだ引けません。×。
　　同じようにして、続きをやってごらんなさい。

⑦4を立てます。**やっと引けました。**

❷　5回×をつけたら、正解にたどりつきました。

　一つずつ順序よくやっていけば必ず正解にたどりつきます。最高でも×5回。普通2～3回で答えが出ます。めんどくさがらずに、丁寧に解いていきましょうね。

情報BOX　向山氏「わり算の指導のとき、『仮商の見当のつけ方』を教えるのが一般的である。ところが、私は1から順番に入れさせ、ダメならバツ印をつけさせる。次に2を入れさせる。こうするといつかは必ず『正解』に辿り着く。『必ず、辿りつく』体験が大切だ」
（『算数教科書教え方教室』2015年1月号）

21 割合とは　部分／全体
★分数を基本として、様々な表し方がある

原実践者：向山洋一／ライター：布村岳志

教室での語り

1「全部で10個おはじきがあります。
一部分の3つだけ赤いです。
赤いのは全体のどれだけでしょうか」

2「このような問題は、分数で考えてみます。
全体の量に対して、どれだけに当たるか
を表したものが割合です」
「式に数字を入れると10分の3です」

3「分数はわり算でも表せますね。
答えを出してごらんなさい」

4「さらに、この小数を歩合で表すとどう書けるでしょう。野球で考えます」
10回打って3回ヒットということは、打率3割ということですね」
「また％で表すとどうなるでしょうか」
答えを並べて表してみます。

> **1** 赤いのは全体のどれだけか
> ○○○○○○○●●●

> **2** 数字を入れる
> $\dfrac{部分}{全体} = \dfrac{3}{10}$

> **3** 分数を小数で表す
> $\dfrac{3}{10} = 3 \div 10 = 0.3$

> **4**
> $\dfrac{3}{10} = 3 \div 10 = 0.3 = 3割 = 30\%$

つまり、これらはすべて同じことを表しているのです。

語りのポイント

＊割合の事例は、子どもにとってわかりやすいものがいい。
野球で10回打って、ヒット3本は何割ですか。（3割）

＊割合の表し方を一覧にすることで同じことを表していることに気付かせる。

情報BOX **原実践：向山洋一『向山型算数教え方教室』巻頭論文、2006年3月号**
「私はこの例を、何度も出して授業をした。（中略）
このように、分数で示す方が子どもにはピッタリとくる。分かりやすいのだ」

22 もとにする量がいくつ分
★指をもとにして長さを測らせてみる

原実践者：向山洋一／ライター：布村岳志

教室での語り

1 「みんなこうやって親指と人差し指、
指を開いてみてごらん」
「指の広さをもとにして、机の横、
何倍あるか測ってごらんなさい。
自分の指の広さをもとにして何倍かな」

2 子ども達に実際に測らせる。
「○○くん、何倍ですか」
3つ分です、などのような答えには
「3つ分ということは3倍ですね。
そのように言ってごらんなさい」
問いに正対して答えさせたい。

自分の指の広さをもとにして、机の長さが
いくつ分（何倍）になるかを体感させる。

このように、身近なものをもとにして長さを
測る作業をさせることによって「何倍」を実感
させる活動となります。

① 指を開かせて測定させる

② 指のいくつ分かを問う
→指の何倍になるか

語りのポイント

＊自分の指を使って、長さを測る
活動によって「もとになる長さ
のいくつ分」を体感させる。
＊「いくつ分＝何倍」であること
を、わかりやすく語る。
＊何倍ですかの問いに正対して答
えた子を強く褒める。

**情報
BOX**

原実践：向山洋一『小数のかけ算とわり算　第10時』東京教育技術研究所
「二つの量を比較する場合に、差に着目する場合と、割合に着目する場合とがある。（中略）
割合を表すには、一方を基準として他方を測り直すことになる」（『算数教育指導用語辞典
第5版』P.313）

23 がい数
★数直線を使うと、どちらに近いか一目でわかる

ライター：布村岳志

教室での語り

1 　100から200の数直線があります。

真ん中は150になります。

「○○○はどこにありますか」

2 　教師が問うた数を数直線に矢印で書き入れていく。

（真ん中より左か、右かに分かれる）

　例えば190ならば右に、135ならば、左に矢印を書き入れることになります。

3 　矢印の所にある数字は、端の数字のどちらに近いでしょうか。

　190は、200に近い数字です。

これを「およそ200」と言います。

　135は、100に近い数字です。

およそいくつと言ったらいいですか。

「およそ100」ですね。

　これからの勉強では、およその数のことを「がい数」と言います。

　数直線を使うことによって、数の範囲が一目でわかります。

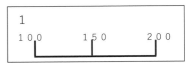

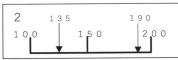

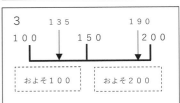

語りのポイント

＊数直線で数の位置を示すことで、両端のどちらに近いのかを一目でわかるように示す。

＊勉強の苦手な子も、図によって答えやすくなる。意図的に指名して褒めてやる。

情報 BOX　がい数にする方法として四捨五入がよく使われる。他にも様々な方法があることを向山洋一氏は次のように紹介している。「四捨五入は一つの方法にすぎないこと。お買い物にはおまけとして端数を九捨○入にすることがあること、逆に○捨九入もあること」（**『学級集団形成の法則と実践』**明治図書、**P.51**）

24 四捨五入の山
★転がる玉で数の操作が一目でわかる

原実践者／ライター：木村重夫

教室での語り

1 　三角の山があります。山の先にはトンネルがあります。反対側にもトンネルがあります。トンネルには名前がついています。「0のトンネル」と「10のトンネル」です。

2 　山の上に玉が10個。（左右に5個ずつ）

3 　0，1，2，3，4までは山の左側。

　　5，6，7，8，9は山の右側です。

　　（語りながら玉の中に数字を書いていく）

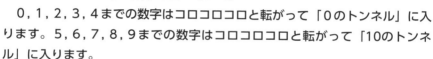

　0，1，2，3，4までの数字はコロコロコロと転がって「0のトンネル」に入ります。5，6，7，8，9までの数字はコロコロコロと転がって「10のトンネル」に入ります。

　では、先生が言う数字は0のトンネルに入るかな？　10のトンネルに入るかな？　「0です」「10です」と答えてくださいね。

　　1（子ども「0です」）素晴らしい！

　　4（子ども「0です」）さすが！

　　5（子ども「10です」）すごいなあ！

このように、**0から4までを0と考える、5から9までを10と考える見方を四捨五入**と言います。この山は四捨五入の山です。（時間があればノートに書き写させたい）

語りのポイント

＊山やトンネルや玉を描きながら語ると子どもの視線が絵に集中する。

＊簡単な数字のとき、勉強の苦手な子を指名し「すごい！」とほめてやる。

＊テンポよく進めると盛り上がる。

情報BOX 「概数にするとき，求める位の一つ下の位の数字が5，6，7，8，9の場合には，求める位の数字を1大きくし，0，1，2，3，4の場合には，求める位の数字はそのままにしておく仕方を四捨五入という」（**『算数教育指導用語辞典　第5版』教育出版、P.107**）

25 向山実践「までさん」
★どの位で四捨五入するかをハッキリさせる

原実践者：向山洋一／ライター：布村岳志

教室での語り

1 「千の位で四捨五入しなさい」

　このように明確に指示が書かれていると、まで分かりやすいですね。

2 「千の位までのがい数にしなさい」

　こう聞かれると間違いが多くなります。

　このときは「まで」の印を千の位の上に書き入れます。

　「までさん」の印といいます。

3 四捨五入は「までさん」の次の位で行います。（までの次の位を□で囲む）

　百の位は6だから切り上げます。

　答えは元の数の下に、揃えて書きます。

　「上から2けたのがい数にしなさい」という問い方もあります。これにはある言葉が省略されています。何でしょう。

　（「まで」ですね）

　問い方は違いますが、解き方は変わりません。どの位で四捨五入すればよいかは、「までさん」の印を書き込むと、一目で分かります。

1　千の位で四捨五入
4 3 6 7 5

2　千の位までのがい数に
まで 4 3 6 7 5

3　千の位までのがい数に
まで 4 3 6 7 5　切り上げる ↓ 約 4 4 0 0 0

語りのポイント

＊「まで」を書き込ませること、四捨五入するべき位を四角で囲ませる形で、基本型をシンプルに示す。

＊答えは縦に揃えて書くようにすると桁数が揃うので間違いが少なくなる。

情報BOX

原実践：向山洋一『向山型算数教え方教室』論文審査、2007年12月号

「244549は、およそ何万と言えますか。答えは四通りあった。松崎案24万　柳井案25万　安生案20万　坂口案24万5千」がい数の考えを扱った授業が掲載されている。（『学級集団形成の法則と実践』明治図書、P.51）

26 以上/以下/未満
★変化のある繰り返しで概観をつかむ

ライター：小西亮人

教室での語り

1 （対象年齢が書いてあるおもちゃの箱か写真を見せる）おもちゃには、対象年齢というのがあります。対象年齢3歳以上のおもちゃです。これは、3歳であれば安全と考えられています。もちろん、4歳、5歳…の子も入ります。

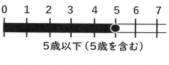

5歳以下（5歳を含む）

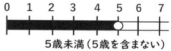

5歳未満（5歳を含まない）

2 では、対象年齢5歳以上、これは、何歳から安全と考えられていますか。（5歳から）6歳、7歳…もOKですね。では、5歳の子は入りますか。（入る）5歳の子も入ります。

3 対象年齢5歳以下というおもちゃがあったとします。5歳の子は入りますか。（入る）以下ですから、5歳、4歳、3歳…が対象になります。

4 対象年齢5歳未満。5歳は入りますか。

　　（入らない）5歳は入りません。4歳、3歳…の人が対象です。

5 日本では、お酒は20歳以上の人が飲むことができます。20歳は入りますか。（入る）19歳は。（入らない）

お酒は20歳未満の人は飲めません。20歳は入りますか。（入らない）19歳は。（入る）

語りのポイント

＊事例は他でもよい。子どもがイメージできるものを選ぶ。

＊上のような図を板書することで、理解を助けることができる。また、教科書に掲載されている図や定義ともつながる。

情報BOX

「10以上の整数とは、10と等しいか10より大きい整数のことで、10，11，12，…である」「10未満の整数とは、9，8，7，…のように10より小さい整数のことで10を含まない」「10と等しいか10より小さい整数9，8，…のことを10以下の整数という」（『算数教育指導用語辞典第5版』教育出版、P.99）

27 切り捨て/切り上げ
★使う場面を描写して語り、イメージをもたせる

ライター：小西亮人

教室での語り

1 妹が買い物に行きました。172円のポテトチップス、189円のせんべい、137円のクッキーを買うことにしました。だいたい何円か知りたいです。どうすればよいですか。（四捨五入）そう。四捨五入すると、約200円、約200円、約100円、合わせて約500円になります。

2 お兄さんは、1000円持って買い物に来ました。145円のノート、290円のコンパス、428円のペンを買います。1000円で足りるかな。そこで、お兄さんは考えました。お兄さん、よく見ると、四捨五入していません。（板書①）全部切り上げています。すると、約1000円。高く見積もっているので、実際はもう少し安い。間違いなく足ります。

3 今度はお母さん。1000円以上買うと、駐車料金が無料になります。246円の歯磨き、375円の洗剤、518円のシャンプーを買います。1000円以上になるかどうか。そこで、お母さんは、考えました。（板書②）四捨五入ではなく、全部切り捨てました。足すと約1000円。安く見積もっているので、本当はもう少し高い。確実に1000円以上になります。

板書①
145+290+428
↓　　　↓　　　↓
200+300+500＝1000

板書②
246+375+518
↓　　　↓　　　↓
200+300+500＝1000

語りのポイント

＊教科書の挿絵を見せながら、ゆったりとした口調で、数字や概数などを板書しながら。

＊東京書籍の例題に合わせたが、他社の教科書でも数値や設定を変えて同じ流れで可能。

情報BOX　「求める位未満をすべて0とみなすことを切り捨てるといい、概数を求める方法の一つである。求める位未満が0以外であれば、求める位の1とみなして、求める位を1大きくすることを切り上げるといい、これも概数を求める方法の一つである」（『**算数教育指導用語辞典**』**教育出版**、P.116）

28 1＋2×3－4
★時間を空けて何度も復習し、定着させる

原実践者：向山洋一／ライター：小西亮人

教室での語り

1 「計算のきまり」を学習し、1週間から10日ほど間を空けてから出題する。

（板書①）　1＋2×3を計算しなさい。

この問題は、とても難しいですよ。

2 前に、計算のきまりを勉強しました。かけ算は、ひとまとまりとして先に計算することを勉強しました。でも、いざやってみると、難しいですね。

3 （板書②）　1＋2×3－4を計算しなさい。

4 さっきと似ている問題です。それでも、何人か間違えました。基本が身に付くのは、それほど大変なことなのです。

5 （板書③）「4×4－4÷4＝3」と板書。

これは間違いです。どこで間違ったのですか。（4×4＝16の後、先に16－4を計算し、最後に12÷4の計算をした）

6 （板書④）「4×4－4÷4＝0」と板書。

これはどこで間違ったと思いますか。

（4×4＝16の後、「わり算が先」ということを間違えて解釈し、16－4÷4を、「16÷4－4」と入れ替え、最後に4－4の計算をした）

板書①
1＋2×3

板書②
1＋2×3－4

板書③
4×4－4÷4＝3

板書④
4×4－4÷4＝0

語りのポイント

＊難しいことを強調し、緊張感を出す。正答が多い場合は、おもいきり驚いて褒める。

＊間違えの検討は、まずどんな意見も褒める。計算の順序の間違いについての意見は、特に大きく褒める。解説は最後にする。

情報BOX

原実践：
向山洋一『教え方のプロ・向山洋一全集24「向山型算数」以前の向山の算数』明治図書

29　4　4　4　4 = □

★知的に熱中させる授業開きにおすすめ

ライター：小西亮人

教室での語り

1　（板書①）4つの4を使って、答えが1から10になる式をつくりなさい。例えば、4÷4＋4÷4＝2、などです。（板書②）どれからでもいいです。1つ解けたら、ノートを持ってきなさい。

2　〇をもらった人は、黒板に書きなさい。（板書③）黒板に書き終わったら、他の答えのものに挑戦してごらんなさい。

3　同じ答えでも、別の解き方を考えた子には、板書させる。

苦戦している子、手が止まっている子がいる時は、「黒板に書いてあるのを参考にして解いてごらん」「写すのもお勉強です。一番いけないのは、ノートに何も書かないことです」などと声をかける。少しでも書こうとしたらおもいきり褒める。

4　参考までに、解答例を載せる（もちろん、これ以外にもある）

$4×4÷4÷4＝1$　・　41　・　$4÷4+4÷4＝2$

$(4+4+4)÷4＝3$　・　$4+4×(4-4)＝4$　・　$(4×4+4)÷4＝5$

$(4+4)÷4+4＝6$　・　$4+4-4÷4＝7$　・　$4+4+4-4＝8$

$4+4+4÷4＝9$　・　$(44-4)÷4＝10$

板書①
4　4　4　4

板書②
$4÷4+4÷4＝2$

板書③
| 1 | 2 | 3 | 4 | 5 |
| 6 | 7 | 8 | 9 | 10 |

語りのポイント

＊板書②のように、例示することで、することが一目でわかる。

＊板書③のように、黒板を10分割し、1～10までの数字を書いておくと、子どもが板書しやすい。

＊他の数でもできることを告げると、自分で解く子が出てくる。

情報BOX

参考文献：
向山洋一『教え方のプロ・向山洋一全集24「向山型算数」以前の向山の算数』明治図書
向山洋一『学級集団形成の法則と実践学級通信アチャラ』明治図書

30 スポーツの直角（垂直）
★子どもがイメージしやすい例を図示し、体感させる

ライター：並木友寛

教室での語り

1 オリンピックの100m決勝。みんなが金メダルを目指して一生懸命走ります。一流選手はどうやって腕を振りますか。座ったままでいいからやってごらん。そうですね。このように腕を振りますね。その時、直角ができています。どこですか。反対の手でなぞってごらん。そうですね。そこが「直角」です。

2 みんなは今、イスに座っています。その時にもいくつか「直角」があるのです。隣の人と見比べてどこが直角か言い合ってごらんなさい。

　　①足と腰が直角です。

　　②膝が直角です。

　　③床と足（上履き）が直角です。

　　「なるほど！」「そこも直角だね！」

3 このような直角ができる時、2本の直線（腕や足）はどうなっているのですか。

　　垂直です。（子ども）

　　そうですね。垂直には必ず「直角」があるのですね。

4 こんな時はどうでしょうか。アーチェリーで矢が的に刺さりました。この時も「直角」になりました。矢が刺さる前、このような時も「垂直」と言えますか。教科書から調べてごらん。

　　実は、これも「垂直」なのですね。

　　スポーツにも算数が使われているのですね。

語りのポイント

*　**1**では、子どもに「直角」を体感させる。腕のどこが「直角」かやんちゃな男子などにお手本をやってもらうとさらに盛り上がる。

*　**2**では、多くの直角を見つけさせる際、どの意見も認め、驚きながら褒める。

情報BOX

「4年で学習する平行・垂直の概念が深まることと重なると、作図能力はさらに拡大されることとなる」（『算数教育指導用語辞典　第5版』教育出版、P.124）この単元で「垂直」「平行」を理解させ、作図できるようにさせることがその後の作図学習に大いに影響してくる。

31 体感できる「平行」
★誰でもできる！ 授業開始の復習方法4連発

ライター：並木友寛

教室での語り

1 授業開始に誰でもできる復習1

「筆箱から鉛筆を2本出しなさい」

「その2本を平行にしなさい」

「できたら隣の人とチェックしなさい」

児童の実態に応じて教師がチェックした方が良い場合もある。

「できた人から手を挙げます」「できましたと言います」

2 授業開始に誰でもできる復習2

「全員起立。自分の体で平行を作りなさい。合格と言われた人は座ります」

ある子は「前ならえ」をしたり、ある子は「足の向き」を揃えたりして平行を作る。「合格」「不合格」で教師は短く評定していく。

3 授業開始に誰でもできる復習3

「となり（近く）の人と2人組で平行を作りなさい」「できた人はできましたと言いなさい」のようにこれも教師が確認する。手と手を重ねたり、向かい合って並んだりすれば平行を作ることができる。面白いペアがいれば前で紹介すると盛り上がる。

4 授業開始に誰でもできる復習4

「机と床は平行です。みんなのつま先が先生の方を向いたまま机と平行にします」「足が床にピタッとくっつけば机と足が平行になるね」「良い姿勢です」

> ### 語りのポイント
>
> **1**～**4**の後に「念のため、平行ってどういうことでしたか？」のように平行の定義を確認する。
>
> **4**は算数だけでなくどの教科でもできる。「姿勢が良くなるとさらにお勉強がよくできるようになるからね」と趣意説明する。

情報BOX 前時に「垂直」を学習している。子ども達の中には「垂直」と「平行」の違いに混乱する子がいる。垂直は「交わる」、平行は「並ぶ」などのように「短く」「イメージしやすい」言葉で子どもに理解させることが大切である。

32 ひし形と正方形
★違いを教えるのではなく、子どもに見つけさせる

ライター：並木友寛

教室での語り

1 「違い」に着目させる（わかりやすいため）

問題を出します。（次のように黒板に書く）

「ひし形と正方形の違うところはどこですか」

正方形　　ひし形

「ノートに書けたら持って来ます」

教師はただ丸かばつをつける。

この時、次のことが書いてあれば正解とする。

「正方形は4つの角が全て等しい（90°）」「ひし形はそうではない」（「形が違う」は丸だが「それは1年生が見てもわかるよね、もう1つ書いてごらん」と指示する）

言葉だけの説明でも正解なのだが、図を描いてくる子もいる。とても良い工夫なので、「わかりやすいね」とほめ、二重丸や花丸などをつける。

2 「同じ」に着目させる

「ひし形と正方形の同じところはどこですか」

「1つ書けたら持って来なさい」

同様にノートに書かせて持って来させる。

これはさまざまある。（主に下記の3つ）

①辺の長さが全て等しい。

②向かい合った角の大きさが等しい。

③向かい合った辺は平行になっている。

1つ正解した子は「黒板に書きなさい」または「まだあるよね。もう1つ書いてごらん」と指示する。

語りのポイント

1 苦手な子たちには教師が書き方を示す。「正方形は○○だけど、ひし形は△△だ」のように黒板に書いておくと苦手な子でも書くことができる。

2 速くできた子に黒板に書かせることで苦手な子への支援となる。

情報BOX 他にもひし形の性質として次の点が挙げられる。「二つの対角線は、それぞれの中点で垂直に交わる」「二つの対角線を対象の軸に持つ線対称な図形である。（6年）」「二つの対角線の交点を対称の中心とする点対称な図形である。（6年）」（『算数教育指導用語辞典　第5版』）

33 かぼんす
★絵描き歌で引き付け、イメージを持たせる

原実践者／ライター：古橋鶴代

教室での語り

【仮分数】

（黒板に、絵描き歌を始める）

つーるよさん、はちみつ飲んで、叱られて、

平気で平気で、呑気で呑気で、試験が０点、つーるよさん。

縦縦横横、丸かいてチョン、縦縦横横、丸かいてチョン。

三日月さん、三角定規に線ひいて。

縦縦横横、丸かいてチョン、縦縦横横、丸かいてチョン。

（頭でっかちの女の子が描き上がる）

先生、小さい頃この絵を描いていたらね、親に

「まーた、かぼんす描いてる」と言われたの。なんでかな？

（子ども達、いろいろ言う。そのうちに「あーっ、仮分数だ！」と気づく）

（その後の授業で、仮分数が出てくると子どもが「かぼんす！」とつぶやき、頭でっかちのイメージが出来ていた）

【帯分数】

（仮分数とは違い、八頭身のイラスト。左側の腰に何か付いている）

これ？　ケータイ。携帯電話の"帯"（タイ）。だから帯分数。

コロナ禍。ピリピリしがちな時代だからこそ、遊び心に満ちた学校生活を保障してあげたいものである。

語りのポイント

先生の幼少期の思い出話に、子ども達は興味しんしん。

目の前にいる大人の先生にも、自分と同じ幼少期があった。しかも自分よりもへたくそな落書きを描いていたって本当？　親近感が湧いて子ども達は大喜び。

情報BOX

QRコードは、絵描き歌とイラストの動画。

動画では手元の紙に小さく描いているが、教室では黒板に、子ども達から見やすいよう、大きく描くとよい。

34 同分母分数のたし算

★教えない。シンプルに。易から難へ。

原実践者：向山洋一／ライター：五十嵐貴弘

教室での語り

3分の1mに指を置きなさい。

① 「**3分の1mが2つ。何mですか**」　3分の2mです。

② 「**4分の1mが3つ。何mですか**」　4分の3m。

③ 「**これは、何mですか**」　3分の3m！　1m！

「**すごい！3分の3mは1mと同じ長さになります**」

④⑤ 「**難しいぞ。わかったらノートに書いて**
　　先生のところに持っていらっしゃい」

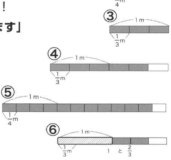

正解の子のノートには、赤鉛筆で丸をつけ、力強く褒めたあと、正解を黒板に書くように伝える。

黒板には仮分数が並ぶ。

「**このように、分子が分母よりも大きい分数もあります。このような頭でっかちの分数を仮分数と言います。仮分数、言ってごらんなさい**」

「**1と3分の2mとも言います**」

⑥ 「**とがついているから、ト つき分数だ**」

「**このように整数と真分数が合体した分数を帯分数と言います。帯分数、言ってごらんなさい**」

語りのポイント

頭でっかちの分数とイメージしやすい言葉をにこやかに聞かせる。また、簡単な問いから、だんだんと難しい問いを出し、「すごい！」「その通り！」と力強く褒めることでいつの間にか、できるようになる。笑顔で、力強く褒めることがポイントである。

情報BOX　出典：向山洋一『向山型算数教え方教室No.3』明治図書、P.5
「このような頭でっかちの分数を仮分数といいます」
「とがついているから、ト つき分数だ」は向山氏の論文より引用。
他の文章は五十嵐の実践。

③⑤ 「関係」を学ぶ大切さを語る

★小・中学校で学ぶ算数・数学は大きく４領域。今何を学ぶのか？

原実践：向山洋一／ライター：木村重夫

教室での語り

　今、みなさんは小学校４年生算数のお勉強をしています。中学校では数学をお勉強します。お勉強することは大きく分けて４種類あります。

　１つ目は「数」です。１，２，３，４，５，６，７，８，９とか、0.1，0.2，0.3だとか。４分の３、４分の２、５分の２だとか、全部数です。

　２つ目は「図形」です。三角形、四角形、丸など、いろいろな図形が出てきますが、これが２つ目です。

　３つ目は、３年生までと４年生から違います。

　３年生までは「量」です。２リットルとか３リットルとか、３キログラムとか５キログラムとか30グラムなど。あるいは面積、広さ、そういうのは全部量です。その「測り方」、どちらが広い、たすとどうなる、これも勉強しました。

	A 数と 計算	B 図形	C 測定	D データの 活用
１年				
２年				
３年			C変化 と関係	
４年				
５年				
６年				
中学	数と式	図形	関数	データの活用

　４年生からは「関係」を勉強します。「どういうことが言えますか」という関係を勉強します。数量関係とも言います。「右と左をたすと全部10になります」これは関係です。あるいは、「左が増えると右が減っていきます」これも関係です。そのような見方をお勉強するのが関係の勉強です。

　４つ目は、「データ」のお勉強です。人数や個数を調べてを表やグラフにします。棒グラフにすると大きさのちがいが、折れ線グラフにすると変化がよくわかります。

　みんながお勉強している算数というのは、「数」の勉強、「面積」の勉強、「量」と「関係」の勉強、そして「データ」の勉強の４種類です。今、お勉強しているのはその中の「関係」の勉強なのです。とっても大切なお勉強です。

情報BOX

原実践：「向山洋一算数ＴＴ授業」教育技術研究所
向山氏の頃は算数科は「数と計算」「量と測定」「図形」「数量関係」の４つの領域であったが、平成29年告示の学習指導要領から「データの活用」が加わった。そこで、語る内容を「データ」を入れて修正した。どの領域でも応用できる語りである。

36 周りの長さが○㎝の正方形
★変化のある繰り返し、作業を通して語る

原実践者：向山洋一／ライター：五十嵐貴弘

教室での語り

まわりの長さが４㎝の長方形を書きなさい。

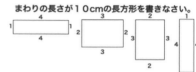

1　「まわりの長さが４㎝の正方形をノートに描き
なさい」描かせてみると、子ども達はものの見事
に間違える。多くの子が１辺が４㎝の正方形を描こうとする。教師が黒板に正
解を示す。子ども達からは「あぁ〜」「そうかぁ」と声があがる。次に、「まわ
りの長さが８㎝の正方形をノートに描きなさい」今度は描ける。

2　「それでは、まわりの長さが６㎝の長
方形を描きなさい」描けた子に板書させ
る。

まわりの長さが１０㎝の長方形を書きなさい。

3　「まわりの長さが10㎝の長方形を描き
なさい。描けたらノートを先生のところに持っていらっしゃい」　４通りの答え
が出る。黒板を４つに区切り、それぞれできた子に板書させる。

4　「まわりの長さが18㎝の長方形を描きます。縦の長さを□㎝、横の長さを○
㎝として、関係を式に表しましょう」

ほとんどの子が描けるようになっている。また、縦と横の関係に気付いている。
教師の説明なしで、子どもは大盛り上がりである。

最後に、　$1 + 8 = 9$

$2 + 7 = 9$

$3 + 6 = 9$

$\downarrow \quad \downarrow = \downarrow$

$\square + \bigcirc = 9$

とノートに式を書かせる。

語りのポイント

助走問題はテンポよく進める。全
員終わるまで待たない。待たない
から子ども達はなんとか食らいつ
こうとするし、授業にも緊張感と
スピード感が生まれる。

情報 BOX　参考文献：向山洋一『向山型算数教え方教室　No.19』明治図書、2001年4月号
向山洋一『向山型算数教え方教室　No.90』明治図書、2006年12月号
向山洋一『教室ツーウェイNo.162』論文
馬場慶典『向山型算数実践記』

熱中から定義が生まれる
★どれが広いか先生が一目でわかるようにする

原実践者：向山洋一／ライター：五十嵐貴弘

教室での語り

❶　教科書広さ比べのページ。多くの教科書では、挿絵で広さ比べがされている。直接比較→間接比較→任意単位という流れである。

「**どちら（どれ）が広いですか。教科書の図に線を引いてもいい、記号を書いてもいい、数字を書いてもいいから、どれが一番広いか先生が一目でわかるように書いて持っていらっしゃい**」

❷　「**よくわかる、というのにはA、おしいのにはBをつけます**」

　様々な方法が出てよい。

　例えば、同じ大きさの四角形同士の数を比べて持ってくる子。Bである。一目でわかるとは言えない。一マスずつに区切って線を引き、持ってくる子。Bマルである。もうひと工夫あればAである。

　同じ大きさの正方形に分けて、その正方形に数字を入れ、□個分広いとして持ってきた子がAとなる。

❸　「**これまで君たちは長さや重さなどの単位について勉強してきました。1 ㎝、1 ｇなどのように物の測り方の基本は1単位なのです。1単位のものがいくつあるかで長さや重さが決まります。広さの単位が1 ㎠です。言ってごらんなさい**」

> ### 語りのポイント
>
> 子どもからいくつも意見が出てくることが考えられる。B、Bマル、などどの意見も認めつつ、個別評定をしていく。個別評定があるから子ども達は燃えるのである。

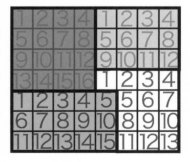

情報BOX　参考文献：向山洋一氏の介入模擬授業
馬場慶典『向山型算数実践日記』
【http://www.aurens.or.jp/~babat7544/4nikki12.11.htm】

38 数学の超難問を解いた日本人
★知的で楽しい面積の語り

ライター：五十嵐貴弘

教室での語り

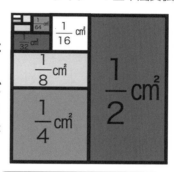

1　「1㎠＋2㎠＋3㎠＋…9㎠、広さは何㎠になりますか。55㎠ですね」

「では、1＋2＋3＋4＋…とどこまでもどこまでも増えていくとしたら、面積はどうなりますか」（面積もどんどん増えていく）答えは無限大になります。

2　「では、1/2＋1/4＋1/8＋…と分母がどこまでも増えていくとしたら、面積も無限大になるのでしょうか。無限大になる思う人？そうではないと思う人？　そうではないと思う人、予想を言ってごらんなさい」

図を使って見てみましょう。だんだんと、1㎠に近づいていきます。最終的には、限りなく1㎠と同じ広さになっていくのです。

語りのポイント

無限大と言う小学生には難しい概念を、易から難への組み立てで、問答しながら語る。
また、和算の良さについても別の機会に語りたい。

3　1/1²＋1/2²＋1/3²＋1/4²…とどこまでもたしていくと、どうなるのか。無限大になります。これを証明するのは、大人の数学者の中でもとても難しい問題でした。バーゼルの問題といいます。オイラーという天才が現れ、ついに解かれました。実は、オイラーがバーゼルの問題を解く13年も前に、他の国でバーゼルの問題と同様の問題が解かれていたのです。どの国だと思いますか。日本です。建部賢弘という数学者によってバーゼルの問題は解かれていたのです。日本は江戸時代から数学が盛んな国だったのです。

情報BOX

参考文献：櫻井進『面白くて眠れなくなる数学』PHP、P.105

③⑨ 面積をイメージする語り
★およその大きさを身近なものに例えよう

原実践者：向山洋一／ライター：木村重夫

教室での語り

1 　面積の学習では、およそどのくらいの広さなのか、子どもがイメージできるようにしたい。1cm²（平方センチメートル）は方眼紙などに書いたり切り取ったりする作業を通して比較的イメージしやすいが、1aや1haなどはイメージしにくい。

> 1cm²（平方センチメートル）は、「爪（つめ）」くらいの広さです。
> 1m²（平方メートル）は、「先生の机」くらいの広さです。
> 1a（アール）は、「教室」くらいの広さです。
> 1ha（ヘクタール）は、「学校の敷地」くらいの広さです。

　ときには子どもに問う。「1平方メートルはどれくらいの広さですか」（子ども「先生の机くらいの広さです」「1アールはどれくらいの広さですか」（子ども「教室くらいの広さです」）

10m / 1a / 10m

2 　さらに広い1km²（平方キロメートル）は、いっそうイメージしにくい。大人でもイメージしにくいだろう。

　私は1km²を説明するとき、勤務校のある略図を板書した。正方形を書いて「ここが私たちの小学校。ここが□□公園、ここが商店街。ここが〇〇駅。有料道路入口あたりまでスッポリ入ってしまいます」と略図を書いて見せた。子どもから「そんなに広いんだ！」という声があがった。

語りのポイント

広さのイメージは、子どもにとって身近なものがよい。「つめ」や「先生の机」、「教室」ならわかりやすい。1km²の略図を書けるように、地図を見て練習をしておく。

情報BOX

1の広さの例えは向山洋一氏の追試である。（向山型算数セミナー）

40 小数のかけ算
★大切な部分を繰り返し、耳に残るように伝える

原実践者：向山洋一／ライター：溝口佳成

教室での語り

例題：はるおさんは3.6L入るバケツを持っています。7個分では何L水を入れることができますか。

1 式をノートに書きます。（3.6×7）

2 3.6は、0.1がいくつ分でしょうか。（36個分）

次、3.6Lを7倍すると、0.1Lはいくつになりますか。36個分の7個分です。36個が7個分あるわけですから、いくつ分になりますか。式と答えを書きなさい。**36個分がさらに7個分ある。36個のさらに7倍。36個の7個分です。**

36×7だ。答えは？（252）252ですね。何が252個分ですか。（0.1L）

今度は3.6です。3.6×7はいくつになりますか。（25.2L）

3.6	→36個
0.1	

語りのポイント

学習のポイントである、0.1の36個分の7倍であることを繰り返し短いフレーズで伝える。子どもの耳に残りやすい。
教師がわざと間違え、考えさせるのもポイント

3 3.6×7の計算です。3.6×7をやるためには（黒板に例示しながら）3.6×7と書きます。線を引くのはミニ定規です。計算するときには小数点がないものとして計算します。そして、最後に小数点を書いて付けます。同じ場所です。

```
  0.2
×   4
  .8
```

4 0.2×4は、小数点がないものですから、こういう風に計算します。**二四が8。小数点を下ろします。0.2×4は点8。これ正しいと思う人、間違っていると思う人。どっかがおかしい。どうしたらいいですか。（0がない）** 0がないですね。これ、「れいてん」とつけなくちゃいけません。

情報BOX 出典：『向山洋一デジタルアーカイブ4年・小数のかけ算とわり算その1（第1時）』TTでの指導。この学習では、2時間分の学習を1時間にまとめて行っている。

小数のわり算
★黒板に図を書き、視覚的にイメージさせる

原実践者：向山洋一／ライター：溝口佳成

教室での語り

例題　7.5Lの牛乳を3人で等分します。1人分は何Lですか。

1 教科書の中に1Lますがこうやって並びます。満杯に入っているのが何個書いてある？（7個）1・2・3・4・5・6・7個書いてありますね。はしたが1個。

助走問題　1Lますで3人に分けると、1人分は何杯ずつになりますか。

2 AさんBさんCさんに分けます。ちゃんと満杯になっているやつだけです。同じに分けると1人は何杯になりますか。（2杯）

1	2	3	4	5	6	7
A	B	C	A	B	C	A／B／C

最初Aさんにあげる。次Bさんにあげる。Cさんにあげる。またAさんにあげる。またBさんにあげる。またCさん。ここで残りはこう（1杯半）なりました。これはもう分けられない。1人何杯でしたか。（2杯）

語りのポイント

黒板に7.5Lを図示して、整数部分を分ける。さらに残り1.5Lも線を引いて0.5Lずつに分けて視覚的にとらえられるようにする。

3 残りは1杯半残っています。これもAさんBさんCさん3人に分けます。どのように分けますか。（0.5Lずつ）

4 教科書は別の方法で考えなさいって言ってます。教科書は、残りは0.1Lますで何杯分か。この小さい0.1Lますでやると、何杯分になりますか。（15）15杯分ですね。0.1Lますで15杯。この15杯を3人で分けると1人何杯ですか。（5杯）0.1Lます5杯というのは何Lですか。（0.5L）

7.5÷3はいくつか。1Lますが2杯と0.1Lますが5杯。それを合わせて何Lになりますか。（7.5÷3＝2.5）すごい、よくできましたね。

情報BOX

出典：『向山洋一デジタルアーカイブ4年・小数のかけ算とわり算その2（第6時）』

42 小数のわり算
★わり進める時のキーワード「ゆうれいの0ちゃん」

原実践者：向山洋一／ライター：溝口佳成

教室での語り

例題　6mのひもを同じ長さに4本に分けます。1本分は何mでしょう。

1 式を書きなさい。(6÷4)

筆算で解きます。まず、1がたちますね。

4×1で4、6−4＝2。

あまりが「2」と出ました。ここで終わらせてもよいですか。

(よくない)

```
      1.5
  4)6 0
    4
    2 0
    2 0
      0
```

このあまりが出ないように計算しなければなりません。そこで、6の右に0を書き入れて、「6.0」とします。この0は、**普段は見えない0です。なので、この0を「ゆうれいの0ちゃん」と言います。**

すると、0をおろしてくることになるので、まだ計算できますね。続きをやってごらんなさい。

最後まで割り切る問題の場合、あまりが出てきたら「ゆうれいの0ちゃん」を出して、計算できるようにするのです。

6と0の間には小数点があります。なので商にも小数点を入れて1.5とします。

語りのポイント

キーワードとして、「ゆうれいの0ちゃん」という言葉を出してきている。このように、子どもにとってイメージしやすい言葉を使うのが大切となってくる。

2 もう1問。7÷4を筆算でわり進めていきます。

(時間をとって解かせる)

```
      1.7 5
  4)7 0 0
    4
    3 0
    2 8
      2 0
      2 0
        0
```

答えはどうなりましたか。(1.75) この問題は、ゆうれいの0ちゃんが2回出てきました。このように、何度もゆうれいの0ちゃんが出てくるものもあるのです。

参考：『向山型算数研究会セミナー in福島（2003.6.14)』介入模擬授業
『算数教科書教え方教室』2003年10月号宮崎京子氏論文を参考にした。

43 何倍かを求める
★机の大きさを指で実測させることで意味を理解させる

原実践者：向山洋一／ライター：溝口佳成

教室での語り

例題：学校から家までの道のりを調べました。よし子さんの家までの道のり
をもとにして、ほかの人の道のりを比べましょう。

1 「もとにして」という言葉があります。みんな、こうやって親指と人差し指、
開いてみましょう。

それで、机の横、何倍あるか測ってみましょう。

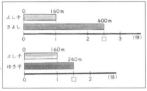

2 では、例題に戻ります。「**よし子さんをもとにす
ると、きよしさんは何倍になるでしょう**」

よし子さんは、何mですか？（160m）

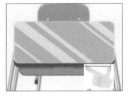

よし子さんのテープ図、160mから下に赤線を引きな
さい。この160mを「もとにする」んですね。

きよしさんは何m？（400m）

400mは160mをもとにすると何倍ですか？

式を書きなさい。（400÷160＝2.5）答えは2.5倍となります。

同様に、「**よし子さんをもとにするとき、ゆ
き子さんは何倍になるでしょう**」

同じように、よし子さんの160mからまっす
ぐ下に赤線を引きます。

ゆき子さんは、何mですか。（240m）同じよ
うに式を書きなさい。（240÷160）

このように、もとにする数を「わる数」に置
いて計算すると、何倍かが求められます。

語りのポイント

「もとにする」「何倍」という言葉
の意味を実感させるために、身近
なもので実測させる。
説明の際は、教師も指を机に当て
ながら、どのようにし測るかを見
せるようにする。

情報 BOX

出典：『向山洋一デジタルアーカイブ４年小数のかけ算とわり算その４（第10時）』

直方体の垂直・平行

★教室を直方体と見立て、位置関係を確認する

原実践者：川原奈津子／ライター：溝口佳成

教室での語り

右のような直方体があります。CGと平行な辺は何ですか。またCGと垂直な辺は何ですか。

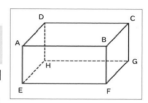

1 この直方体が、大きく、大きくなって、教室と同じサイズになりました。後ろ窓側天井の頂点がA、廊下側の頂点がB。それぞれの頂点は何になるかな。（確認する）

2 （実際に教師が教室前方廊下側の角に立ち、天井に向けて手を伸ばす）先生のいる位置がCGです。

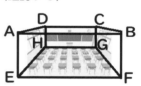

（教室に3人の子を指名し、残り3つの角に立たせる）○○さんがDH、△△さんがAE、□□さんがBFとなりますね。

3 先生のCGと平行になっているのは、誰ですか？

これは、3人とも平行になるのです。△△さんは、先生から見て教室の対角線の位置になりますが、それでも先生と△△さんは平行であるといえるのです。

4 では、先生と垂直な辺はどこでしょうか。（指名して、垂直な辺を指差しさせる）

天井だと、DCとBC、床だとHGとFGですね。

（教師用大型三角定規をもって）確かに垂直となっていますね。

語りのポイント

各頂点と各辺が教室のどこにあたるのかをそれぞれ指し示し、教科書と対応させることが重要である。教室で示すときはアルファベットを使わず、子ども達にも教室隅に移動してもらい、説明したほうがとらえやすい。

情報 BOX

参考：『算数教科書教え方教室』川原奈津子論文、明治図書、2014年5月号

45 教室は立体図形
★教室の中で、空間関係を体感しよう

原実践者／ライター：古橋鶴代

教室での語り

　面と面、線と面、線と線の位置関係を、身近な教室空間でイメージさせて定着をはかる。

【面と面の関係】

①教師：床と天井は？（→児童：平行）　　②床と壁は？（→垂直）

③壁と天井は？（→垂直）　　④左の窓と右の窓は？（→平行）

【線と面の関係】

⑤蛍光灯と床は？（→平行）　　⑥蛍光灯と壁は？（接してないけど→垂直）

⑦蛍光灯と窓は？（→平行）　　⑧蛍光灯は天井に？（→※含まれる）

全員起立。（児童、立つ）

⑨みんなと床は？（→垂直）　　⑩みんなと天井は？（接してないけど→垂直）

⑪みんなと壁は？（→平行）　　⑫みんなと窓は？（→平行）

【線と線の関係】

⑬みんなはお互いに？（→平行）

⑭みんなと蛍光灯は？（→ねじれの位置）

⑮（蛍光灯の真下にいる子を見つけ）　Ａさんと蛍光灯は？（Ａさんの頭上を見上げて→あーっ、垂直！）

【最後はオマケ】

（床が清潔なら、思い思いに寝そべる）

⑯みんなと天井は？（→平行〜！）

⑰みんなは床に？（→含まれる〜！）

語りのポイント

毎日生活している教室。それは巨大な立体図形。まるでゲームの世界に入り込んだように子どもはその主人公となる。教師とのやり取りを楽しみながら、どんな子でもイメージができる。身の回りにいつも在るので、忘れる心配もない。

情報BOX

QRコードは、授業のイメージをつかむための動画。

※４年生では「含まれる」は学習しないが、子どもからよく質問されるので、さらっと取り入れた。

46 見取図のかき方
★スモールステップに分けて教える

原実践者：河野健一／ライター：木村重夫

教室での語り

見取図のかき方である。TOSSランドで河野健一氏が紹介している。

図解入りで手順が明快なので紹介する。

① マス目黒板にかいていくと、わかりやすい。

② 「長方形をかきなさい」

③ 「左下に少しずらして、まったく同じ形の長方形をかきなさい」（原文は「右下」だが、木村修正）

板書する。まったく同じ形の長方形でないといけない。机間巡視したり、隣同士で見合わせたりして確認する。

④ 「同じ頂点同士をつなぎます。左上と左上を直線でつなぎなさい」

⑤ 「右上と右上を直線でつなぎなさい」

残りも同じようにつながせる。教師が見たり、隣同士で確認したりして確認する。

⑥ 「直線の中で、本当は見えない直線があります。どれですか？」

⑦ 「見えない直線は点線で表します。消しゴムで少しずつ消しなさい」

③
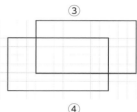

④
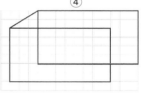

⑤
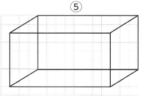

⑦
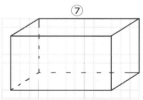

情報BOX 参考文献：向山洋一『向山型算数教え方教室』論文審査、2005年4月号
河野健一『小4「見取り図のかき方」』TOSSランド

47 位置の表し方
★子どもの座席位置を通じてイメージを持たせる

原実践者：夏井圭太郎／ライター：溝口佳成

教室での語り

点Aから見て、点Eはどの位置にあるといえますか。
また、点Fはどの位置にあるといえますか。

1 教室をもとに考えてみます。Aさんがここに座って
います。Aさんから見て、Bさんはどこに座っていま
すか？「2つ前の席」に座っていますね。では、Aさ
んから見て、Cさんはどこに座っていますか。「2つ前、
2つ左の席」ですね。

では、皆さんのそれぞれの位置から見て、Aさんはど
こに座っているといえるでしょうか。（口々に言わせる、そののち数名指名して
言わせる）

2 では、教科書を見てみます。まずはE地点を見る前に、その真下のB地点は
Aから見てどうなっているかを考えます。

横に○m、たてに○mと書きなさい。（たて
4m、横2m）

では順に、その道順を赤鉛筆でたどりましょう。
E地点は、Bから高さ何mのところにあります
か。（3m）では、E地点は、Aからどの位置
にあるのか、書いてみましょう。（たて4m、
横2m、高さ3m）

3 同じように、点Aから点Fの位置も書いて
ごらんなさい。（たて3m、横4m、高さ2m）

語りのポイント

教科書では縦横高さの位置関係が
平面上に表されているのでイメー
ジしにくい。そこで、教室で縦と
横の位置関係を、子どもで示して
語る。誰か1人決め、自分から見
てその子はどの位置にいるのかを
各自に言わせる。

情報BOX

参考：『算数教科書教え方教室』夏井圭太郎論文、明治図書、2012年3月号

48 仮分数を帯分数になおす
★「そっくりそのまま写しなさい」と作業で理解させる

原実践者：木村重夫／ライター：津田奈津代

教室での語り

$\frac{9}{4}$を帯分数になおします。

教科書の補助計算を使います。

これをそっくりそのままノートに

写してごらんなさい。

（子どもに写させる）

□と〇のところに数を入れてごらんなさい。

（数を入れさせる）

なおし方を読んでみましょう。

$$\frac{9}{4} = \boxed{}\ \frac{\bigcirc}{4}$$
$$9 \div 4 = 2 \cdots 1$$

$\frac{9}{4}$を帯分数になおします。　$9 \div 4 = 2$あまり1　　$\frac{9}{4} = 2\frac{1}{4}$です。

念のため、先生問題です。

$\frac{7}{3}$を帯分数になおしてごらんなさい。

さっきの補助計算を使うのですよ。

できたら、持ってらっしゃい。

では、答えを言ってごらんなさい。

$\frac{7}{3}$を帯分数になおします。

$7 \div 3 = 2$あまり1　　$\frac{7}{3} = 2\frac{1}{3}$です。

仮分数を帯分数になおすときは、補助計算を

使いましょう。

語りのポイント

＊「そっくりそのまま写す」際に、
＝をたてにそろえるということ
や↑も書くということも押さえ
るとよい。

＊補助計算の言い方も、型を教
え、同じように言わせるとよい。

情報BOX

原実践：木村重夫「TOSS祭りばやしサークル　模擬授業」

「そっくりそのまま写しなさい」の一言で、教室はシーンとなる。写すという作業を行いな
がら、子どもは理解をしていく。

「念のため、先生問題です」と言って、数を変えて解かせることで、できているかを見るこ
とができる。

49 帯分数を仮分数になおす
★「そっくりそのまま写しなさい」と作業で理解させる

原実践者：木村重夫／ライター：津田奈津代

教室での語り

$2\frac{1}{3}$を仮分数になおす方法を考えます。
教科書の補助計算を使います。
これをそっくりそのままノートに
写してごらんなさい。（子どもに写させる）
□のところに数を入れてごらんなさい。（数を入れさせる）
なおし方を読んでみましょう。

$$2\frac{1}{3} = \frac{\square}{3}$$
$$3 \times 2 + 1 = \square$$

$2\frac{1}{3}$を仮分数になおします。　$3 \times 2 + 1 = 7$　$2\frac{1}{3} = \frac{7}{3}$です。

念のため、先生問題です。
$2\frac{1}{4}$を仮分数になおしてごらんなさい。
できたら、持ってらっしゃい。
さっきの補助計算を使うのですよ。
教科書通りにやっていなかったら、
やり直しをしてもらいます。
では、答えを言ってごらんなさい。
$2\frac{1}{4}$を仮分数になおします。
$4 \times 2 + 1 = 9$　$2\frac{1}{4} = \frac{9}{4}$です。
帯分数を仮分数になおすときは、補助計算を使いましょう。

語りのポイント

正しく写せない子は、教師が赤鉛筆で途中まで薄く書いてやり、なぞらせるとよい。後半、一人で書けたら「一人でできたね！」と力強く、褒めてやる。

情報BOX

原実践：木村重夫「TOSS祭りばやしサークル　模擬授業」

50 面積が約150㎠のものはどれか

★全国80万人の6年生が間違えた問題！

ライター：木村重夫

教室での語り

1　面積クイズで問う。全員に書かせることがポイント

「全国の6年生およそ100万人に出された問題です。面積がおよそ150㎠のもの
は、次のどれでしょうか。1つ選んでください」（「約150㎠は？」と板書する）

① **切手1枚の広さ**

（と言った後に「①**切手**」と板書する。以下同様。先に音声、次に板書。
同時には提示しない。情報は1つの方が全員が理解しやすい。）

② **年賀はがき1枚**

③ **算数の教科書1冊**

④ **教室1つの床の広さ**

「**面積がおよそ150㎠なのはどれでしょうか**」

「**ノートに番号を書きなさい**」

「**まだ決めていない人？**」「**手をあげてもらい**

語りのポイント

正解を言う前にじらすと盛り上が
る。「正解は…どうしようかなあ」
「言うのもったいない」

ます。①切手？②年賀はがき…」挙手させ、人数を板書する。

「**この問題はかなり難しいのです。全国約100万人の6年生で、正解だったの
は約18万人。約82万人が間違えました**」（「ええぇ？」と驚くだろう）

2　子どもの実態と時間によって3つの対応ができる

A　「**あきらかに違うものはどれですか**」①④をつぶして②と③で討論

B　「**近くの人と話し合ってごらんなさい**」「**班ごとに決めなさい**」

C　教師が解説する。①②③の実物を見せたい。

150㎠は10㎝×15㎝である。

ミニ定規の長さ10㎝などから予想させる。正解は②**年賀はがき**である。

情報 BOX

出典：『2008年度（平成20年度）全国学力・学習状況調査』
小学校算数A問題回答分布は、①1.3%、②**17.8%**、③49.2%、④30.6%であり、誤答が多
かった。面積に対するイメージがしっかり持てていないことがわかる。

2.135は0.001を何こ集めた数か

★位をそろえてから、指で隠すと見えてくる

原実践者／ライター：木村重夫

教室での語り

1 **2.135は0.001を何こ集めた数ですか。**

このようなときは、位をそろえて縦に並べます。0.00を指で隠してごらん。小数点もないものとして考えます。すると「**2135は1を何こ集めた数ですか**」と同じことになります。答え2135こですね。

```
2.135
0.001
```

```
2.135
    1
```

2 **0.048は0.001を何こ集めた数ですか。**

お勉強した通りに0を隠します。
「**48は1を何こ集めた数ですか**」
答え48こです。

```
0.048
0.001
```

```
 48
  1
```

3 **6.7は0.001を何こ集めた数ですか。**

たてにそろえるために、6.7を6.700とします。指で隠します。どんな数になりますか。
「**6700は1を何こ集めた数ですか**」
答え6700こです。

```
6.7
0.001
```

```
6.700
    1
```

語りのポイント

慣れてきたら、指で隠さずに考えさせる。

```
2.135  0.048  6.700
0.001  0.001  0.001
```

52 6をひっくり返せば9
★カードでつくるいちばん大きな小数

実践者／ライター：木村重夫

教室での語り

1 下の□に右のカードをあてはめて、いちばん
大きな数をつくりましょう。

2 ちょっと楽しいひっかけ問題

87.654

「87.654」が正答です。同じ人？　他に考えた人はありませんか？

もっと頭を柔らかく働かせよう。実はもっと大きな数ができるのです。

（「ええ？」）

できた人、ノートを持っていらっしゃい。…（「わかった！」）…大正解！

98.754

「6」のカードを上下ひっくり返せば「9」になります。6⇔9

「ずるい！」と言う子もいるだろう。ニコニコしながら答える。

「カードをひっくり返してはいけません」とは書いてありませんよ。算数では柔らかな発想も大切なのです。

情報 BOX

出典：
向山洋一編著／木村重夫、赤石賢司著『お父さんが教える算数ワークブック 小学5年生』主婦の友社、P.56

53 操作させながら考えさせる

★1cm³の立方体を操作して楽しく

原実践者：木村重夫／ライター：細井俊久

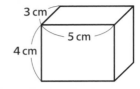
3 cm
5 cm
4 cm

教室での語り

例題

右の直方体の体積を計算で求める
方法を考えよう。

　算数の教材室には、1辺が1cm³の立方体の積み木がたくさんある。教室で子ども一人ひとりに両手に山盛り配る。

(1) 1段目には、1cm³の立方体が何個並ぶか

　　※教師が下の図を1段めとして板書する。

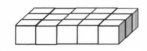

「同じように、1cm³の積み木を置いてごらん」

「縦に**何個**ですか」（**3個**です）

「横に**何列**ですか」（**5列**です）

(2) 何段積めるか

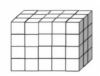

※教師が図を板書する。

「同じように、積み木で作りなさい」

※定規で揃える子が出ると、他の子も真似する。

「**何段**積めますか」（**4段**です）

(3) 式を考える

「今作った直方体は、何個の何列分が何段あるのですか」

　　板書　　□個の□列分が□段

「3個の5列分が4段ですね。式を書き、答えを求めましょう」

　　式　　3×5×4＝60　　答え　60cm³

この後、教科書の例題に進む。

情報BOX

引用文献：木村重夫『算数の教え方には法則がある』明治図書
上記の本の中で、木村氏は「具体物をたっぷりと操作させること」「立体の授業をするなら立体模型に触れさせることは基本中の基本」と述べている。
指を使って実物を操作することは重要である。

54 アルキメデスの原理を紹介
★実験で実証し、語りで知的に授業する

ライター：細井俊久

教室での語り

1 準備

①水槽、でこぼこした大きめの石

②巻き尺、養生テープ、マジック

2 語り

①この石の体積、大体どのくらいだと思いますか？

②でこぼこした石の体積を正確に測る方法があります。

③水槽の内側の縦と横の長さを巻き尺で測ります。(板書)

④水槽に半分くらい水を入れます。

⑤水面の高さを測ります。(板書)

⑥水面と同じ高さになるように、横に細いテープを
貼ります。

⑦では、ゆっくり石を入れます。

⑧増えた水面を測り、同じ高さに、横に細いテープを貼ります。(板書)

⑨（2本のテープを見せて）これだけ増えたのですね。

⑩石の体積は、「縦×横×高くなった高さ」で正確に測ることができます。

3 アルキメデスの原理の語り

今から2300年以上前、ギリシャにアルキメデスという数学者がいました。

アルキメデスは純金の王冠が本当に金だけでできているか依頼され、王冠と同じ重さの純金を水に沈め、水面が王冠を入れても同じ高さになるかどうかで確かめたのです。同じ素材で同じ重さならば、体積は同じになります。アルキメデスがお風呂に入った時、お湯があふれるのを見て発見したと言われています。

情報 BOX
アルキメデスの原理はインターネットや図書室にある本などで確かめられる。
アルキメデスの原理の他にも時計の文字盤に多く使われるローマ数字、計算に便利なアラビア数字がある。バビロニアでは60進法もとにした数字を作り、時間や角度を表すことができるようになったこと等を知的な話として子どもにしたい。

55 比例かどうか見分ける
★2倍、3倍、テンテンテンかどうか見る

原実践者／ライター：木村重夫

教室での語り

先生問題です。（1）と（2）は比例していますか。
予想をノートに書きなさい。

（1）　1本50円のえんぴつを買った本数と代金

　　　えんぴつの数（本）

　　　代　　金　　　（円）

（2）　たん生日が同じで4才ちがいの兄と妹の年れい

　　　妹の年れい（才）

　　　兄の年れい（才）

語りのポイント

「2倍、3倍、…」の「…」が重要である。これを「テンテンテン」と読ませる。毎回書かせて読ませる。

予想の人数を確認後、比例しているかどうか調べさせる。

①　はじめに何をしますか。表を書くのですね。

②　表を書いてごらんなさい。（教師が黒板に簡単な表を例示する）

（1）
えんぴつの数（本）	1	2	3	・・・
代　金　　　（円）	50	100	150	・・・

（2）
妹の年れい（才）	1	2	3	・・・
兄の年れい（才）	5	6	7	・・・

【2倍3倍…チェック】

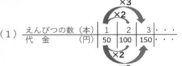

（1）
えんぴつの数（本）	1	2	3	・・・
代　金　　　（円）	50	100	150	・・・

③　表を書いたら、次にどうしますか。

「2倍、3倍…チェック」をします。

「えんぴつの数が2倍、3倍…になるとき、代金も2倍、3倍…になっています。だから、（1）は比例しています」これが説明です。言ってごらんなさい。

④　（2）は比例していますか。近くの人に説明してごらんなさい。

「妹の年れいが2倍、3倍、…になっても、兄の年れいは2倍、3倍…になっていません。だから（2）は比例していません」

情報BOX

表を横に見て、「2倍、3倍、…となると」という見方は5年生で学習する。
表を縦に見て、比例定数を求める見方は6年生で学習する。

56 文章題をハンバーガーで解く
★数直線をそのまま使って解く

原実践者：木村重夫／ライター：細井俊久

教室での語り

例えば1m80円のリボンを2.3m買った時の代金を求める文章題が出される。

式を考え、理由を説明するのが第1時の学習となる。考え方の一つとして数直線をそのまま使う「ハンバーガー方式」の解き方がある。これを以下の語りで子どもに身につけさせたい。

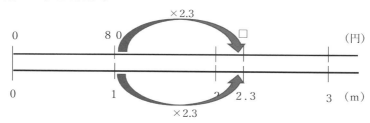

① 「1」から出発。（1から2.3まで矢印を引く）

②1が2.3になった。何倍ですか？　子ども「2.3倍です」

③だから「×2.3」と書く。

④ 「80」から出発。（□まで矢印を引く）

⑤80から□まで何倍していますか？
　子ども「2.3倍です」

⑥その通り。「×2.3」と書く。

⑦80と2.3と□を使って□を求める式を書きなさい。

　□＝80×2.3

⑧3点セットで答えを出します。ノートに書いて持ってきなさい。

語りのポイント

木村重夫氏は、右のように付け加えて、ハンバーガーとした。この絵を子どもに見せてハンバーガー方式と教えたい。

情報 BOX
2本の数直線は比例関係にあるので「比例数直線」または、「複線図」とも言われる。比例関係に注目し矢印を入れて式を立てる指導は、これまでにも行われてきた。「ハンバーガー方式」と命名したのが木村重夫氏である。
出典：『算数教科書教え方教室』木村重夫論文、明治図書、2014年8月号

57 文章題をたすき掛けで解く
★シンプルにすっきりわかるたすき掛け

原実践者：向山洋一／ライター：細井俊久

教室での語り

　比例数直線では、互いに斜めに向かい合う数字を掛けると数値が等しくなる。これを使って数直線上の□になる数値を求める方法を「たすき掛け」という。

　向山洋一氏がセミナーで「進学塾では教えている」と述べていた。

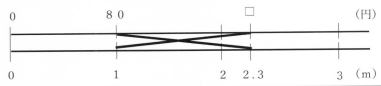

①1m80円のリボンを2m買います。

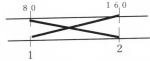

語りのポイント

セミナーでたすき掛けを教えた向山氏。氏は黒板に数直線をひき、数値を記入し、矢印を書き、かけ算の式を板書して、同じになることを見事に教えた。この方法を教えた後、子どもを見てにっこりしたい。

②1m80円のリボンを3m買います。

③1×160＝2×80　　1×240＝3×80

④たすき掛けのかけ算の答え（積）は同じになります。

⑤進学塾では、こうして教えていました。

⑥教科書の数直線にたすき掛けをしなさい。

⑦練習問題を3点セットで解きます。ノートに書きなさい。

　式　80×2.3＝184　（筆算省略）　答え　184円

情報BOX　このたすき掛け指導は、教科書には載っていない。おそらく同じになる理由を説明することが小学生には難しいのだろう。向山氏が進学塾では教えていた方法ということで、理由を説明させる必要はない。
出典：『算数教科書教え方教室』向山洋一論文、明治図書、2013年7月号

58 小数のかけ算を面積図で
★面積図を知ると続けて問題を解きたくなる

原実践者：向山洋一／ライター：細井俊久

教室での語り

例題

> 1mのねだんが80円のリボンを、2.3m買いました。代金はいくらですか。

　問題の解き方の一つに「面積図」という方法がある。

①黒板に数直線を書く。

②数直線に右図のように線を加える。

③1mと向かい合うのが□円、2.3mと向かい合うのが80円と説明する。

④縦が80、横が2.3の長方形であることを説明する。

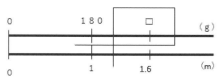

⑤□を求める式は何ですか？　子ども（80×2.3です）

⑥計算して答えを出します。何円ですか？　子ども（184円です）

練習問題

> 1mの重さが180gのホース。このホース1.6mの重さは何gですか。

⑦練習問題をやります。数直線をノートに書きます。（教師は板書）

⑧面積図をかいて、3点セットで解き、できたら持ってきなさい。

　　式　180×1.6　（筆算省略）

　　　　答え　288g

⑨早くできた子8名に板書させる。

情報 BOX　向山型算数セミナーで向山洋一氏が面積図を紹介したところ、多くの教師が教室で面積図を使って文章題を解く指導を行った。
割合、時間、単位あたりの量、速さ、道のりなどで面積図を使って問題が解ける。子どもは面積図を理解すると、これも面積図で解こうと進んで解いていく。

59 ○の数で小数点の位置が決まる
★まず、小数点がないものとして計算する

原実践者／ライター：木村重夫

教室での語り

1　小数×小数の計算では、答えの小数点を正しい位置に打つことが大切です。
はじめに、小数点以下の数字を○で囲みましょう。

$$3.⑤ \times 2.⑥ \qquad 5.①③ \times 2.⑤$$

2　小数×小数の筆算は、まず小数点がないものとして計算します。
次に、小数点以下の数字を囲んだ○の数によって、小数点を打ちます。

3.⑤×2.⑥の場合、3.⑤は小数点以下の数字が1つあります。
2.⑥にも1つあります。○の数は1＋1＝2で2つですから、小数点は答えの数字の小さい位から2つめの左に打ちます。○の合計で小数点の位置が決まるのです。小数点以下の、最後の0は消します。

```
    3.5              5.①③
 ×  2.6           ×    2.5
    2 1 0           2 5 6 5
    7 0           1 0 2 6
    9.①⓪         1 2.⑧②⑤
```

情報BOX

出典：木村重夫『小学校の「算数」を基本ルール28で攻略する』PHP研究所、P.73

60 ハンバーガー方式で解く
★数直線を使ったわり算文章題の解き方指導

原実践者：木村重夫／ライター：細井俊久

教室での語り

例題

> リボンを2.5m買ったら、代金は300円でした。このリボン1mのねだんは
> いくらですか。

教師は黒板に数直線をかき、子どもは教科書の数直線に記入しながら授業を進める。

①1mから2.5mに矢印を書きます。

②何倍になっていますか？

　子（2.5倍です）

③矢印の近くに「×2.5」と書きます。

④□から300円に矢印を書きます。

⑤□から300まで何倍になっていますか？

　子（2.5倍です）

⑥同じように「×2.5」と書きます。

⑦□の2.5倍は300円と言えます。

⑧式に表すと　□×2.5＝300　です。

⑨□を求める式は、何ですか？

　2.5と300を使って式を考えます。

　子（300÷2.5です）

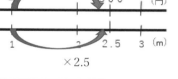

語りのポイント

黒板に矢印や数値を記入して授業を進めるが、語る時は子どもを見て、子どもに目線を合わせて語りたい。TOSS授業技量検定D表の項目に「子どもへの目線」とある。意識して子どもに目線を合わせよう。

⑩数直線に矢印を2つ書いて、式を考えるやり方を何と言いますか？

　子（ハンバーガー方式と言います）

⑪では、小数でわる計算の仕方を考えていきます。

情報BOX　□＝300÷2.5と□を求める式が思いつかない子がいる。こんな時は、□×3＝18など、簡単な数値に置き換えて□を求める式を考えさせるようにする。
前掲P.67のハンバーガーの絵にしてからハンバーガー方式と言いたい。
出典：『算数教科書教え方教室』木村重夫論文、明治図書、2014年1月号

61 たすき掛けで解く

★正解する喜びがどの子にも味わわせられる

原実践者：向山洋一／ライター：細井俊久

教室での語り

練習問題

> 1.5mのホースの重さをはかったら、270gありました。このホース、1mの重さは何gですか。

①先生問題です。

　　2mのホースの重さをはかったら300gありました。1mの重さは何グラムですか。

②数直線をかきます。

③1mの重さは何グラムですか？

　　子（150gです）

④その通り。□に150を書きます。

⑤向かい合う数字にたすきをかけます。

⑥たすきをかけた数字をかけると、

　　$150 \times 2 = 300 \times 1$

　　と、同じ答えになります。

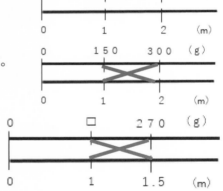

⑦練習問題を読みます。

⑧数直線をノートにかきなさい。

⑨たすきをかけると、$□ \times 1.5 = 270 \times 1$　となりますね。

　　簡単にすると、$□ \times 1.5 = 270$　です。□を求める式は何ですか？

　　子（270÷1.5です）

⑩これは、2700÷15の答えと同じですね。3点セットで答えを出しなさい。

　　式　　270÷1.5＝180　（筆算省略）　　答　　180g

情報 BOX　たすき掛けの答えが同じになるのは、比の内積の値と外積の値が等しいからであるが、小学生でこのことを理解するのは難しい。たすきをかければ簡単と自信を持たせたい。向山氏は、このやり方は進学塾では教えていたと述べている。

62 面積図で解く
★何度もこの方法で解くと出来るようになる

原実践者：向山洋一／ライター：細井俊久

教室での語り

例題

> リボンを2.5m買ったら、代金は300円でした。このリボン1mのねだんは何円ですか。

① 教科書の数直線をノートに写します。

② この問題を解く式を面積図で考えます。

③ 先生と同じように数直線に線を引きます。

④ 1と向かい合う数字を四角で囲みます。

⑤ 四角の縦は□円、横は2.5m、面積は300円ということです。

⑥ 長方形の面積は縦×横なので、

　　□×2.5＝300の式が成り立ちます。

⑦ □×2.5＝300　□を求める式は何ですか。

　　子（300÷2.5です）

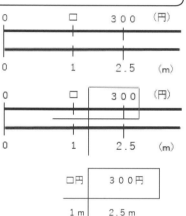

練習例題

> 1.5mのホースの重さをはかったら、270gありました。このホース1mの重さは何グラムですか。

① 数直線をノートにかき、面積図をかきます。マルをもらった人は3点セットで答えを求めなさい。

　　式　270÷1.5（筆算省略）　答　180g

情報BOX　面積図は、向山洋一氏が向山型算数セミナーで紹介し、その後、河田孝文氏が面積図指導についての論文を雑誌、書籍などで多数執筆している。
本原稿の面積図のかき方は、木村重夫氏のかき方に合わせている。

63 小数点をいつ打つ？
★小数点を付け忘れないための工夫と語り

ライター：桜沢孝夫

教室での語り

　6.3mの重さが7.56kgのなまりのぼうがあります。このなまりのぼう1mの重さは何kgですか。

　式 7.56÷6.3 を確認し、筆算を書かせる。

「わる数（6.3）の小数点を右に移します」

右の基本型のように、矢印を書かせる。

「わられる数（7.56）の小数点も、わる数の小数点と同じけたの数（1つ）だけ右に移します」

「次にロケット(上向き矢印)を書きます」

（基本型）

$$6.3\overline{)7.56}$$

| ⎯⎯⎯⎯⎯⎯ |
| 1.2 |
| 63 |
| 1 26 |
| 1 26 |
| 0 |

「このロケット(上向き矢印)を書いておくことで、移した小数点を書き忘れることがなくなります」

　商に「1」を立てて、計算をする。

「先ほど書いたロケット（上向き矢印）の上に、小数点をか書なさい」

　ロケット（上向き矢印）が書いてあることで、小数点を忘れずに打つことができる。

　最後に商に「2」を立てて計算をし、答え「1.2」を確認する。

　移した小数点をいつ打つのかは、「わられる数の小数点を移したとき」、「計算が終わったとき」などの実践もある。子どもの実態に応じて対応すべきではあるが、自分が実践して最も効果的で、最も自然だったのが、上記の実践であった。

語りのポイント

＊「ロケット」というイメージ語を使うことで、子どもに定着しやすくなる。

あまりは４？０.４？
★なぜわられる数のもとの小数点に揃えて打つのか

ライター：桜沢孝夫

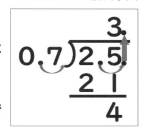

教室での語り

　2.5mのテープを、1人に0.7mずつ配ります。何人に配れますか。

　また、何mあまりますか。

　式 2.5÷0.7 を確認し、筆算を書かせ、右の計算までさせる。

　「あまりは『4』になりました。これで正しいでしょうか。正しいと思う人、違うと思う人？」

　意見が割れると思われる。理由を発表させる。

　子：わり算をして「4」になったのだから、「4」で正しいと思います。

　子：わる数が「0.7」なのに、あまりが0.7より大きい「4」になるのはおかしいです。

　確かめるために、最もわかりやすいのは、実際にテープを切らせることだ。しかし、クラス全員分そろえるのは難しい。教科書にある左下のようなテープ図を0.7ずつ赤鉛筆でうすく塗らせていく。

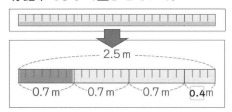

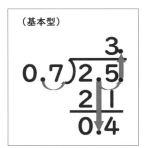

「検算をして、さらに確かめましょう」

　0.7×3＋0.4＝2.5 となり、正しいとわかる。

　「あまりは 0.4 だとわかりました。小数のわり算であまりを考えるとき、あまりの小数点は、わられる数のもとの小数点にそろえて打ちます」

　右上の「基本型」を示す。その後、練習問題で習熟・習得を図る。

65 長さを数字に置き換える
★文字を数字に変えると式にしやすい

原実践者／ライター：木村重夫

教室での語り

1　もとにする長さに注目させる

| 青のリボンの長さは、赤のリボンの長さの何倍ですか。 |

「赤のリボンの長さの何倍ですか」とあるので、赤のリボンの長さがもとになります。

表の4mはもとになる長さなので、赤丸で囲みましょう。

もう一度問題を読みなさい。「赤のリボンの長さは何mですか」（「4mです」）

「『赤のリボンの長さ』という言葉を赤鉛筆でグルンと囲みなさい」

「その上に4mと書いておこう」

リボンの長さ

	長さ(m)
赤	④
青	10
黄	5

　　　　　　　　　　　　4m
青のリボンの長さは、| 赤のリボンの長さ | の何倍ですか。

2　先生、次に何て言うと思いますか

「青のリボンは何mですか」（子ども「10mです」）

「次に先生、何て言うと思いますか」

（「青のリボンを丸で囲みなさい」）「すごいなあ」

「その通り。今度は鉛筆で囲みなさい」

「次に先生、何て言うと思いますか」

（「上に10mと書きなさい」）「さすがだなあ。先がわかるんだね」

語りのポイント

「次に先生、なんて言うと思いますか」はとても重要な発問である。変化のあるくり返しで指導しないと、この問いに子どもは答えられない。先読みできる子どもを「すごいなあ」とほめることができる。

　　　10m　　　　　　　　4m
| 青のリボンの長さ | は、| 赤のリボンの長さ | の何倍ですか。

3　長さを数字に置き換える

「問題文を数字に置き換えて読んでごらんなさい」「10mは4mの何倍ですか」

「式を書きなさい」　式　10÷4　　　　　**「3点セットで解きなさい」**

66 対応する辺、角、頂点
★トレーシングペーパーの使い方

原実践者：奥本　翼／ライター：徳本孝士

教室での語り

① （トレーシングペーパーを）ピッタリ重ねます。
②写します。
③頂点の記号を書きます。

　これだけの指示で、教室はシーンとして、子ども達は、図形をトレーシングペーパーに写しとる。

　後は、子ども達は、トレーシングペーパーを回したり、裏返したりしながら、教科書の図に重ねて、対応する辺や、角、頂点を見つけていく。

　具体的な操作活動をたくさんすることを通して、図形感覚を養っていく。

　図形感覚が育ってくれば、子どもはトレーシングペーパーを使わなくても、どの頂点や辺が対応するかわかってくる。

　「図形を頭の中で回したり、ひっくり返したりすることを『メンタルローテーションタスク』と言います。合同な図形を見つけるときは、頭の中で図形を回せるようになり、空間認知が鍛えられ、球技や運転が上手になるんだよ」と脳科学の話をすることでも、高学年の子ども達は、課題に向かう意欲が高まる。

語りのポイント

写しとったトレーシングペーパーに頂点の記号を書いておく。
そうすることで、対応する辺や頂点が一目でわかる。
視覚的に理解がしやすくなる。

情報 BOX

トレーシングペーパーを使って、図形を写しとる。児童用に、「直写ノート」（東京教育技術研究所）も出ている。1冊140円を使用すると、1冊渡せば、子どもは、切り離して何枚も使うことができる。家庭学習でも利用するようになる。

67 合同な三角形のかきかた
★「分度器ピタ」と「測ってチョン」

原実践者：建尾邦子／ライター：徳本孝士

教室での語り

①教科書の三角形の底辺を赤鉛筆でなぞります。

②ノートに底辺をかきます。

③頂点Aが決まれば、合同な三角形がかけます。どこを測れば良いでしょうか。

　子ども達に考えさせることがポイントである。教科書には、3通りの書き方が載っているので、どれも扱う。

　ここでは、2つの辺と間の角がわかっている場合を扱う。

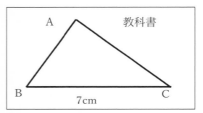

①分度器ピタ。（頂点Bに分度器の中心を合わせながら角を測る）

②（ノート頂点Bに合わせ）分度器ピタ。

③チョン。（分度器に合わせ印をつける）

④線を繋ぐ。

⑤コンパス、ピタ。（教科書にコンパスの針をさして、測る）

⑥（ノート頂点Bの上）コンパス、ピタ。

⑦（ノート）コンパス、チョン。

⑧頂点Cと繋ぎます。

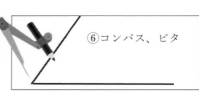

情報
BOX

原実践：向山洋一『向山型算数教え方教室No.135』建尾邦子論文、明治図書、P.44
教科書のヒントを使いながら、子ども達に合同な三角形の書き方を教える。
ノートに書くときには、下敷きをしないと書きやすい。

68 三角形の3つの角の和は180度
★パスカルの知的なエピソード

原実践者：柏木英樹／ライター：徳本孝士

教室での語り

　春のある日、何名かの子が元気よく遊び回っています。

　そのすみで、1人の少年が地面に何かを書いています。

　その少年が地面に書いているのは、どうやら三角形のようです。そして、そばの石に腰かけて、また三角形をながめました。

　三角形の辺の上に小さなまっすぐな枝を置いて、それを右回りに動かしていました。小枝の先を置いたはじめての点から、小枝を回すたびに頭の中で角を足しました。そして、3回目に小枝を動かし終わったときに、小枝の先は、はじめと逆の方向を向いているではありませんか。少年はハッとしました。

（上野登美夫『算数が大好きになる事典』東京堂出版より引用）

　この後、この少年は家に飛んで帰ります。「お父さん、大発見、大発見、僕ね、どんな三角形も3つの角を足すと180度になることを見つけたよ」

　これを聞いたお父さんはとっても驚きました。お父さんも今しがた「三角形の内角の和は180度」と気づいたばかりだったからです。この少年の名前はパスカルと言います。なんと、この時12歳でした。

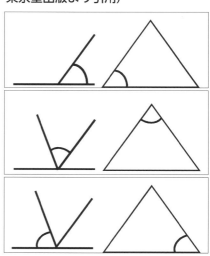

情報BOX
原実践：柏木英樹『向山型で使える算数エピソード』明治図書、P.53
三角形の内角の和は、3つの角を並べると2直角になる。また、中学校で習う平行線における錯覚と同位角を使っても求めることができる。

69 四角形の4つの角の和は何度？
★説明の「ま・つ・だくん」

原実践者：梅沢貴史／ライター：徳本孝士

教室での語り

　右のような問題の時、教科書には次のようなヒントがある。

　「四角形ABCDを対角線ACで2つの三角形に分けます。三角形の3つの角の大きさの和は180度だから…」

　この「…」に入る言葉を考えさせ、発表させる。次のようになる。

　2つの三角形で、180度＋180度＝360度で、360度になります。

　そして、「まず」「つぎに」「だから」を用いて、順序よく説明させる。

　「説明のま・つ・だくん」を使って説明するぞ。

　まず、四角形ABCDを、対角線ACで2つの三角形に分けます。

　つぎに、三角形の3つの角の大きさの和は180度です。

○四角形の4つの角の大きさの和は何度になりますか。

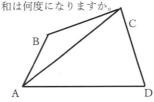

求め方を説明しましょう。

語りのポイント

＊子どもを指名しながら、テンポよく「ま・つ・だくん」を使って説明させる。

＊教師が「ま・つ・だくん」を使った文を黒板に書いて、ノートに写させるようにすると、苦手な子どもも書けるようになる。

　だから、2つの三角形で、180度＋180度＝360度で、360度になります。

情報BOX

原実践：梅沢貴史『向山型算数授業力マガジン　第1号』TOSSメディア
説明の「ま・つ・だくん」の原実践は、木村重夫氏である。

70 正方形と正三角形をかこう
★学習したことを活用する発展的な内容

ライター：徳本孝士

教室での語り

正方形のかき方。

①線を引く。

②円をかく。

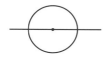

③ちょっと大きい円をチョン、チョン。

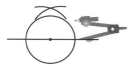

④結ぶ。

⑤結ぶ。

正三角形のかき方

①底辺を引く。

②測って、チョン、チョン。

③結ぶ。

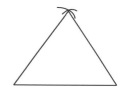

語りのポイント

実物投影機で映したり、黒板にかいたりしながら、子ども達と一緒にかいていくとわかりやすい。

情報BOX

正三角形、正方形のかき方は、発展的な内容である。かけるようになると、子ども達は嬉しいし、楽しみながらコンパス、定規の使い方に習熟する。楽しくかいているうちに、図形に対する感覚を身につけることもできる。
さらなる発展として「8㎠の正方形をかきなさい」（『メノン』岩波文庫）とプラトンが出した問題もある。

71 起立で体感！倍数・公倍数
★教室の全員が一斉に立ったとき公倍数ができる

原実践者：向山洋一／ライター：木村重夫

教室での語り

1 倍数、公倍数を学習した直後が効果的である。倍数、公倍数を体感できる。どの子も集中する。

2 **「先生が今から数を数えます。男の子は3の倍数で立ちなさい。女の子は4の倍数で立ちなさい。椅子を少し引いてサッと立てる用意をしなさい」**

教師は1からゆっくり唱えていく。

「いち」	
「に」	
「さん」	（男子だけ立つ）
「し」	（女子だけ立つ）
「ご」	
「ろく」	（男子だけ立つ）
「しち」	
「はち」	（女子だけ立つ）
「きゅう」	（男子だけ立つ）
「じゅう」	
「じゅういち」	
「じゅうに」	（男女全員立つ）
（間）	

「3の倍数の男の子も、4の倍数の女の子も、全員立っています。
12は3と4の共通な倍数です。これを**3と4の公倍数**と言います」

語りのポイント

数字はゆったりと唱える。間（ま）も大切である。「3」で男子が全員立ったのを見てから「4」を唱える。

もう少し続けましょうか。「じゅうさん、じゅうし…」

二度目の公倍数24で止める。立ち忘れや立ち遅れの子が出て楽しい。

3 子どもからリクエストが出れば、最初からもう一度やってもよい。1回目よりややテンポを上げると緊張感が維持できる。

情報 BOX　玉川大学で向山洋一氏が授業された。子役で体感した木村は、九九を浮かべながら（次にいつ立つかな）と期待しながら構えていた。
教室の子ども達を集中させ、巻き込む指示である。

72 公約数はレインボーブリッジで
★虹や橋でつないで見つけよう

原実践者／ライター：木村重夫

教室での語り

1 12の16の約数を求めましょう。

$$12の約数 → 1, 2, 3, 4, 6, 12$$

かけ算をして12になるペアを丸い線でつないで見つけます。

この線を「レインボー」（虹）と言います。

16の約数をノートにレインボーをかいて見つけてみましょう。

$$16の約数 → 1, 2, 4, 8, 16$$

4×4＝16ですから、4から4にもどるレインボーにしましょう。

2 12と18の公約数を求めましょう。

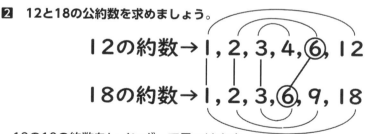

$$12の約数 → 1, 2, 3, 4, ⑥, 12$$
$$18の約数 → 1, 2, 3, ⑥, 9, 18$$

12の18の約数をレインボーで見つけます。

同じ数字を線で結びます。**12と18の公約数**です。約数と約数を結ぶかけ橋なので、「ブリッジ」と言います。公約数は「レインボー・ブリッジ」で見つけましょう。一番大きな公約数を〇で囲みなさい。これを**最大公約数**と言います。

 情報 BOX

参考文献：「レインボー」島村雄次郎『向山型算数教え方教室』明治図書、2002年1月号
「レインボー・ブリッジ」木村重夫『小学校の算数を基本ルール28で完全攻略』PHP研究所

73 手で隠して塗り足す

★向山氏の「指1本の魔法」の原理を追試

原実践者／ライター：木村重夫

教室での語り

1　**1Lのジュースを3人で等分します。1人分は何Lですか。**

教科書に1Lのイラストがある。3等分の点線が入っている。

「1人分のジュースを赤鉛筆で塗ってごらんなさい」

「色は丁寧に塗るんですよ。はみ出さずに丁寧に塗ってあればA。

はみ出ていたり、塗り残しがあればBです。塗れたら持っていらっしゃい」

「3等分した1つ分ですから、3分の1Lですね。下に書いておきましょう」

2　**3Lのジュースを3人で等分します。1人分は何Lですか。**

教科書の3Lのジュースを3等分させる。1L分塗ればよい。

色塗りの評定をしておけば、子ども達は1Lを丁寧に塗る。

3　**2Lのジュースを3人で等分します。1人分は何Lですか。**

「2Lのジュースがあります。左の1Lジュースを左手で隠し

てごらんなさい。右に1Lのジュースだけが見えますね」

「さっき分けた1Lと同じです。さっきと同じように、

3等分の点線を書いて、色を塗ってごらんなさい。

右の1Lのジュースだけです」

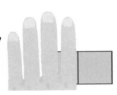

4　**3分の1Lをつぎ足す**

3分の1L塗れましたね。手をとってごらん。

左にも1Lのジュースが隠れていました。その1Lも3等分

します。3等分したジュースを、右のジュースにつぎ足してごらんなさい。

もう一度、左手で隠してごらん。何Lになりましたか。

3分の2Lですね。下に3分の2Lと書いておきましょう。

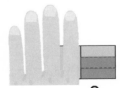

情報BOX	有名な向山氏の指1本のマジックは、教科書が大きく変わって追試できない。そこで現在の東京書籍の教科書に合わせて大幅に修正してみた。 左利きの子には、作業しやすいように右手で右マスを隠させる。

74 3を7でわるとき

★かんたん！準備物なし！必ず熱中する面白問題

原実践者：向山洋一／ライター：利田勇樹

教室での語り

「3を7で割ったとき、小数第100位の数はいくつですか？」ノートに書きなさい。そう言って板書する。これ以上の説明はしないですぐに開始する。しばらくすると子どもが持ってくる。教師は○か×をつけてやればいい。ある子は「428571」の6つの繰り返しになっていることに注目して100を6で割ってくる。すると16あまり4になる。小数第96位までが「1」となり、あまり4つ分進み「5」が小数第100位となることに気づく。またある子は、小数第100位まで全て書き出す。気の遠くなるような作業の後に、「5」であることに気がつく。

重要なのは、

> やり方を自分で変更してはいけないこと。

子ども達は何度も挑戦できる。それに対して「すごい！　よく考えたねー。バツ」「なるほど！書き方がすごい！　バツ」「よく考えているね！バツ」と次々にバツをつける。

そのうち、「頭脳派」と「体力派」の解き方があることを教えた。

```
3÷7
=0.428571 428571 428571…
  428571 428571 428571…
```
小数第100位

語りのポイント

「すごい！　よく考えたね。バツ」このバツをつける際は、笑顔で、ユーモアセンスたっぷりに言う。決して怖く言ってはいけない。子どもの気持ちを持ち上げて、ガクンと落とすイメージだ。必ず楽しい雰囲気になる。

> どちらも立派な解き方だ。後に数学が得意になる人の中には、こういう問題を体力派でコツコツとやっていった人が多い。体力で解くのも立派な算数の力だ。

ちょっとした算数の隙間時間。こうした少し難しい問題は子ども達が喜ぶ。

情報BOX

出典：谷和樹「谷和樹の算数ベーシックスキル」P.64
出典：中田昭浩「ちょこっと難問」TOSSランド

75 異分母分数のたし算
★どの子もできる！脳への負荷が少ない基本型

原実践者：河田孝文／ライター：利田勇樹

教室での語り

1　分母を揃えます。大きい方の分母から考えます。3分の1。

分母の「3」に指を置きます。

3×1＝3、3×2＝6、3×3＝9。

（右図のように、3分の1の下に「6」と「9」を書く）

2分の1。2×1＝2、2×2＝4、2×3＝6。

（2分の1の下に「4」「6」を書く）同じ数に○！（6に○をする）

分母を6にします。「1、2」だから分子に2をかけます。

（「3分の1」の「3」「6」と次々に差しながら）

2分の1。「1、2、3」だから分子に3をかけます。

（「2分の1」の「2」「4」「6」と次々に差しながら）

6分の2＋6分の3＝6分の5です。

2　やり方が少し大変かもしれません。でも今は、お勉強です。プロ野球選手はバッティングやキャッチボールなど基本的な練習を何度も行います。サッカー選手も同じです。

大切なことは何度やったっていいんです。

だからノートにきちんと書きます。

語りのポイント

1 習熟するまでに少し時間がかかる。繰り返し、この型で計算問題に取り組ませる。
2 大切なことを言うので、教室黒板の中央に立つ。そして全員の目が教師に向いていることを確認してから話す。

情報BOX
出典：河田孝文『2021年9月19日オンラインサマーセミナー2021』
TOSS-SNS岩田史郎氏「本日の趣意説明14 面倒な基本型を書かせる場面」
https://sns.toss-online.com/u/tosskanazawa/irbnryum9vow49

76 約分
★約分忘れを無くす魔法の言葉「兄さん来ない？」

原実践者：向山洋一、酒井基成、林　健広／ライター：利田勇樹

教室での語り

1　教科書に定義が説明されている。

読みます。「分母と分子をそれらの公約数で割って、分母の小さい分数にすることを**約分**するといいます」
8分の4と2分の1は等しいです。いくつで割れますか？
そうですね。4で割れます。（図のように分子と分母の隣に④と書く）分母と分子を同じ数で割れる数がある時、その分数は約分できるといいます。

分子「4÷4＝1」分母「8÷4＝2」1と2は同じ数で割ることができますか。これ以上できません。だから答えは「2分の1」です。

このようにして、次の問題6分の3も同様に行う。

2　「兄さん来ない？（2、3、5、7、11）」で約分する。

約分するときに約分することを忘れてしまう子や、いくつで割ればいいか困ってしまう児童がいる。そのときには次のように語る。「約分する際に、必ず登場する人がいます。それは少し怖い人たちです。（笑顔で）『兄さん来ない？（2、3、5、7、11）』です。（数字を板書する）約分の際には、必ず「2、3、5、7、11」のどれかを登場させます。そうすると約分を忘れません」しばらくしてから、「次、何しますか？」「兄さん来ない？（2、3、5、7、11）です」と何度かやり取りしていくと忘れにくくなる。

語りのポイント

1 一つ一つの手順を確認しながら、黒板に書いていく。慣れてきたら、「次、何しますか？」と子どもに発問する。

2 楽しく覚えさせるために、明るく笑顔でゆっくりと「兄さん来ない」を言う。忘れたからと言って決して怒ってはいけない。

情報BOX　出典：向山洋一「向山型算数教え方教室」2000年11月号
TOSSランド「大きさが等しい分数・約分」酒井基成氏。
「兄さん来ない。2, 3, 5, 7, 11」林健広氏が昔に学年主任から聞いた話。

77 分数のたし算とひき算

★趣意説明することで、高学年も納得。形をそろえる計算

ライター：利田勇樹

教室での語り

$$\frac{2}{3} + 0.3$$

100円 ＋ 100ドル ＝ ？

■ 形をそろえて計算する。

読みます。「3分の2＋0.3の計算の仕方を考えましょう」分数と小数のたし算です。それぞれ形が違いますね。これは、「日本の『100円』とアメリカの『100ドル』を合わせていくらですか？」って言われるのと似ています。だからまず、「形」をそろえます。

次に計算します。

② どんなときでも計算できる分数にそろえる。

形をそろえるときは、分数にそろえます。理由は、どんな時でも計算しやすいからです。やってみるとわかります。では、実際に解きます。0.3を分数に直すと10分の3ですね。だから「3分の2＋10分の3」となります。計算すると、答えは「30分の29」になります。

次は小数にそろえます。3分の2を小数にします。2÷3＝0.66666 …と割り切れません。このように、小数にそろえようとすると一部の分数は、割り切れないことがあります。だから、どんなときでも計算できるために「分数にそろえる」のです。

語りのポイント

■ 円とドルで比べてわからない子がいる場合は、「g」と「m」など別の単位で例えを使うと、より子どもの頭に入っていくかもしれません。

② 「100円」や「100ドル」と語る際には、顔の前に円を描くジェスチャーにすると、より子どもを惹きつけられる語りになる。

情報BOX　出典：数スタ『【算数】分数と小数の混じった計算方法とは？　解き方を1から解説！』
（https://study-line.com/）

78 時間と分数
★「時計の助走問題」から入れば簡単に解ける

ライター：利田勇樹

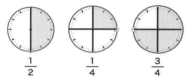

教室での語り

1　助走問題から入る。

簡単な円を描く。

時計一周は何分ですか？

（60分）そうです。60分ですね。では30分は1時間の何分の何ですか？（2分の1）そうですね。半分だから2分の1ですね。（と言って2分の1の円を塗る）「30分＝2分の1時間」です。

では、「15分」は何分の何時間ですか？　先生が一目でわかるように時計に書き加えてごらんなさい。（4分の1時間ですね）念のため、「45分は何時間でしょうか？」図と答えが書けたら持ってらっしゃい。

2　教科書の考え方を紹介する。

3つの考え方が教科書に載っています。

① 1時間を60分で考えます。1本1本細かく線を引きます。この小さな一目盛りは、何分ですか？　1分ですね。そうです。分数で表すと60に等分したうちの1つだから「60分の1」ですね。

② 1時間を12等分します。12等分したうちのいくつ分ですか？　9個分…と同様に進めていく。

③ 1時間を4等分にします。4等分にしたうちのいくつ分ですか？　そう3つ分ですね。だから4分の3です。

> ### 語りのポイント
>
> **1** 円を描く際は、子どもが黒板に集中してから描き始める。すると、子ども達は黒板に集中していく。
> **2** 何も言わずに黒板に円を描いて注目させる方法もある。円を描いた後に、「ここまではいくつですか？」と発問する場合もある。

情報BOX　デジタル教科書に好きな数字に設定できる時計がある。
その時計をたくさん触らせながら、子ども達に感覚を身に付けさせる方法もある。

79 平均の基本原理は「ならす」

★砂場の砂、積み木で「ならす」をイメージ化

原実践者／ライター：木村重夫

砂を□□□

■ 砂を「ならす」

黒板に波線を描き、「砂場の砂です」

直線を描きながら、「この砂を平らにしました」黙って書く。

「砂を□□□」四角に入る言葉はなんですか。ひらがな3文字です

答えは「ならす」です。

■ 積み木を「ならす」

「教科書に積み木の写真があります。左側の丸い写真。その中の一番左の積み木は何個ですか。5個ですね。積み木の下に『5』と書いておきなさい。その横、何個ですか。7個だな。

> **語りのポイント**
>
> 繰り返しの作業をさせながら、「次に先生、何と言うと思いますか」と予想させ、言えたらほめる。子どもは次を予想して集中する。

次に先生、何と言うと思いますか。そうだ、『7』と下に書いておくんですね。その横の積み木は？『4個』、その横は『8個』ですね。『5、7、4、8』高さはバラバラです」

「右端の丸い写真。4つの積み木、みんな同じ高さですね。何個ですか。『6，6，6，6』と書いておこう」

「真ん中の写真。積み木を動かしていますね。積み木を同じ高さにそろえたのですね。それをなんと言いますか。

真ん中の写真の上に書いてごらん。『ならす』です。今日は、いろいろな数字や量をならすお勉強をいたします」

情報BOX　参考文献：木村重夫『算数の教え方には法則がある』明治図書、P.65

80 平均＝合計÷個数
★平均は「ならす」イメージをから入る

原実践者：小松裕明／ライター：竹内進悟

教室での語り

❶ 校庭の整地で「ならす」をイメージさせる

「校庭ってでこぼこしてるでしょ？　野球をやる人はね、転ばないように、校庭のふくらんでいるところやへこんでいるところを、きれいに平らにするんですよ。とんぼを使って整地するんです。平らに。みんな同じように平らにすることを『ならす』と言います」

❷ 積み木で「平均」をイメージさせる

（4こ、3こ、5こ積んだ積み木を提示する）

「ならすにはどうしたらいいですか？」（1こ移す）

「1こ移すと全部4こになるね。これを計算でやります。積み木は全部で何個ですか？」（12個）

「式はどうなりますか？」（4＋3＋5）

「4＋3＋5だね。合わせちゃいます。これをまた分けます。いくつに分ければいい？」（3です）

「平均は、このように全部合わせて、元の数で割っても求めることができます」

語りのポイント

❶ 上記のような波線と棒線を黒板に書きながら語るとイメージしやすい。

❷ 語りに合わせて積み木を手にまとめたり分けたりするとよい。「合計」「割る」を視覚的に捉えることができる。

情報BOX　参考文献：『TOSS長野授業作りの会（代表：小松裕明）例会にて（1）』
でこぼこを平らにするというイメージが大事である。身近な校庭はイメージしやすい。また、教科書の写真や挿絵だけでなく、具体物を「合わせて」「分ける」ことで「合計÷個数」のイメージを持つことができる。

81 平均　仮の平均
★身近な具体例を取り上げることで、イメージがわく

原実践者／ライター：竹内進悟

教室での語り

教科書のコラム等を読んだ上で、下のような問題を出して考える。

「テストが返ってきました。各教科の点数は下の表のようになりました。

国語	算数	社会	理科	英語
92	85	94	88	86

どのテストも85点を越えていますね。一番点数の低いのは算数の85点ですので、85点よりどれくらい越えているかを考えます。すると、国語は85点より何点高いですか？（7点）算数は？（0点）基準になるので0点です。社会は？（9点）理科。（3点）英語（1点）となります。

平均を求める式をノートに書きなさい。式を言ってごらん。

（7＋0＋9＋3＋1）÷5

5で割るんですね。0点の算数も数えます。答えは4となりますね。85点よりも4点多いということですから、何に4点足せばよいですか？（85点）式を書きなさい（指名する）。85＋4で89点が平均ということになります。

基準にした85点を『仮の平均』と言います。言ってごらん。どのようなときに『仮の平均』を使うと便利ですか？　扱う数字が大きくなったり個数が多くなったりすると計算が大変ですね。そのような時に『仮の平均』を使うと便利です。では教科書の問題をやってみましょう」

語りのポイント

テストの点数は子どもが最も身近に感じられる数値である。「この子は優秀ですね」などとにこにこしながら話してやるとよい。「平均点は4点でいいですか？」などと問いかけてもよい。

情報BOX　教科書のコラム等では、歩幅などで仮の平均を扱っているが、やはり、イメージしにくい。仮の平均だけの数値では明らかにおかしいとわかる例がよい。テストの点数やスポーツの試合の点数など身近なものを取り上げたい。

82 こみぐあいの基本型
★イラストと分数でつくるシンプルに教える

原実践者／ライター：木村重夫

教室での語り

先生問題

1㎡の小屋Aに1匹のうさぎ。同じ広さ1㎡の小屋Bに2匹のうさぎ。どちらがこんでいますか。Aだと思う人？
Bだと思う人？　Bですね。これを計算で求めます。

このような問題は必ず分数にします。（イラスト）「面積分のうさぎの数」となります。

$$\frac{}{} = \frac{うさぎの数}{面\ 積} = \frac{1匹}{1㎡} = 1 \div 1 = 1$$

これを「1㎡あたりのうさぎの数」と言います。Aは1㎡あたりのうさぎの数は1匹です。Bも同じように求めます。

$$\frac{}{} = \frac{うさぎの数}{面\ 積} = \frac{2匹}{1㎡} = 2 \div 1 = 2$$

Bは1㎡あたりのうさぎの数は2匹です。1㎡あたりのうさぎの数が多いほど「こんでいる」と言えます。だからBがこんでいます。この考え方で教科書のうさぎ小屋のこみぐあいを求めてみましょう。

何を何で割るのか、計算の手順がわからない子には地面上のうさぎのイラストが効果的である。そこから分数を書かせ、「うさぎの数÷面積」に導く。この原理は人口密度でも同じである。

$$\frac{}{} = \frac{人口}{面積} = 人口密度$$

情報BOX

原実践：木村重夫『算数の教え方には法則がある』明治図書、P.136

83 人口密度を「原理」から教える

★難教材も「原理」に戻って教えればスーッとわかる

原実践者：木村重夫／ライター：前平　勝

教室での語り

1㎢あたりの人数のことを『人口密度』と言います。国や都道府県などに住んでいる人のこみぐあいは、人口密度でくらべます。例えば、1㎢に2人住んでいるとします。

 $= \dfrac{人の数(人)}{面積(km^2)} = \dfrac{2(人)}{1(km^2)} = 2 \div 1 = 2 (人/km^2)$

これは、『1㎢あたりの住んでいる平均の数が2人』ということです。

鹿児島県と山形県では、どちらが人口密度が大きいと思いますか。2つの県の面積はほぼ同じ位です。パッと見た印象でかまいませんよ。予想して手を挙げます。

鹿児島県の人口密度は

1589206人÷9187㎢＝173（人/㎢）

山形県の人口密度は

1035612人÷9323㎢＝111（人/㎢）

で、鹿児島県の方が人口密度が大きいということがわかります。つまり、鹿児島県の方が、こみぐあいが大きいということです。

ちなみに、日本の都道府県で人口密度が一番大きいのは『東京』です。人口密度は6410（人/㎢）。一番小さいのは『北海道』。人口密度は67（人/㎢）になります。

鹿児島県　　　山形県

面積：9187km²　面積：9323km²
人口：1589206人　人口：1035612人

語りのポイント

＊面積が同じ位の2つの県の人口密度を、直感で予想させると子ども達は思考する。

＊人口密度の単位の読み方は、担当教師が教えている通りに読ませる。

情報BOX

出典：木村重夫『算数の教え方には法則がある』明治図書、P.136-137

参考：https://uub.jp/rnk/p_j.html（人口ランキング・面積ランキング・人口密度ランキング）

84 面積図でらくらく速さの問題が解ける

★長方形の面積と同じ求め方で速さの問題が解ける

原実践者：林　健広／ライター：前平　勝

教室での語り

次の問題を考えます。

> 高速道路を時速80kmで走っている自動車があります。3時間では何km進むでしょうか？

（全体の量）は（1あたり量）×（いくつ分）で求めることができます。この関係を長方形で表したものを「面積図」といいます。

「時速80km」とはどういう意味ですか？（「1時間あたり80km進む」という意味です）その通り。つまり、「速さ」が「1あたり量」になります。面積図を書くと、横が「1時間」、縦が「時速80km」となります。

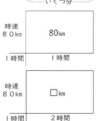

2時間だと何km進むかを考えてみます。「1時間あたり何km進むか」ですから、「クロス」しているところに、「1時間」と書きます。横には何と書きますか。（2時間です）横2つは、単位が同じになるように書きます。縦には何と書きますか。（時速80kmです）道のりはいくらになりますか。長方形の面積を求めるように「縦×横」で求めることができますね。（80×2で160kmになります）

では、3時間だと何km進むでしょうか。面積図を書いて求めなさい。

語りのポイント

＊面積図は、左下をクロスさせ「1時間あたり」の「1時間」を書かせるとわかりやすくなる。

＊面積図をいきなり自力で書かせることは難しい。何度か練習をさせて慣れさせるとよい。

情報 BOX

出典：『「算数」授業の新法則 6年生編』林健広論文、学芸みらい社、P.68-69

85 人類最速のボルトは時速何km？
★速さ変換表で速さをらくらく変換

原実践者／ライター：前平　勝

教室での語り

人類最速と言われているウサイン・ボルト選手、2009年に行われた世界陸上競技選手権大会で9秒58という世界記録を出しました。秒速10.4mです。もし、ボルト選手とライオンが競走したらどちらが速いと思いますか。ライオンは、時速58kmで走ります。

速さをそろえるために、「速さ変換表」を使ってボルト選手の秒速10.4mを時速に直してみましょう。

ノートに、10cmの直線を引きなさい。2行空けて、もう1本10cmの直線を引きなさい。引いたら2cmずつ区切っていきなさい。

一番左の部屋は「秒の部屋」です。「秒」と書きます。真ん中は「分の部屋」、一番右は「時の部屋」です。「分」、「時」と書きなさい。「→」も書いて、「×60」、下の「←」は「×60」の反対で「÷60」と書いておきます。

秒速10.4mを60倍して、分速624m。さらに60倍して時速37440m。37440mは何kmですか。（37.44km）ボルト選手はおよそ時速37kmで走るんですね。人類最速のボルト選手でも、ライオンと競走したら負けてしまうのです。

語りのポイント

＊他の動物と速さの比較をさせると、速さ変換の必然性が出てきて、子どもも熱中して取り組むことができる。

情報BOX 参考：『向山型算数ベーシック学習会 河田孝文氏代案授業』2020年7月
「速さ変換表」は河田孝文氏が考案された。

86 地上、水中、空中 最速の生き物
★必要感をもって、速さ変換の学習ができる

原実践者／ライター：前平　勝

教室での語り

　地上で最も速い生き物といえば何でしょうか？（チーターです。）チーターは「時速120㎞」で走ることができます。ただスタミナがなく、1度に走れる時間は60秒程度しかありません。

　水中で最も速い生き物といえば何でしょうか？　2択です。「バショウカジキ」VS「クロマグロ」、どっちが速いと思いますか。
　「バショウカジキ」は、1秒間に31m進みます。「クロマグロ」は、1秒間に22.2m進みます。よって、「バショウカジキ」の勝ちとなります。

　空中で最も速い生き物といえば何でしょうか？　今度は3択です。1「はやぶさ」、2「いぬわし」、3「つばめ」、どれだと思いますか。正解は「はやぶさ」です。はやぶさは1分間に3kmの速さで飛ぶことができます。

　では、それぞれのチャンピオンが競走できるとします。特殊なレースですね。「チーター」、「バショウカジキ」、「はやぶさ」、この中で最も速い生き物はどれでしょうか？
　今までに学んだことを使って、世界最速の生き物はどれか、求めなさい。
　（「チーター」は時速120㎞、「バショウカジキ」は時速110㎞となり、「はやぶさ」は時速180㎞、「はやぶさ」が最も速い生き物ということになります。）

情報BOX
参考：https://www.youtube.com/watch?v=FXaXzTnLTek（陸・海・空!!　世界最速動物ランキング）

87 太陽から地球までの時間は？
★「光の速さ」で算数に興味を持たせる語り

原実践者／ライター：前平　勝

教室での語り

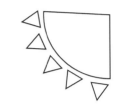

　地球から太陽までの距離は約1億5000万kmあります。

　もし、歩いて太陽まで遠足に行ったら片道どのくらいの時間がかかると思いますか。時速4kmで歩くとします。①「50年くらい」。　②「1000年くらい」。③「4000年くらい」。

　ちなみに、月までだったら約11年5ヶ月かかります。　・← 地球

　「道のり÷速さ」で時間を求めると、1億5000万÷4＝3750万時間。これは約4281年になります。寝ないでひたすら歩き続けたとしてこれだけかかるわけです。時速250kmで走る新幹線でも、片道で68年かかります。

　太陽の光は太陽を出発してどのくらいで地球にたどり着くのでしょうか。

　光の速さは秒速30万kmです。1秒間で地球を7周半する速さです。1秒数えてみて下さい。(1) その間に光は地球を7周半もしているのです。

　太陽の光は、太陽を出発してどのくらいで地球にたどり着くかの予想してみましょう。

　①「8年くらい」　②「8日くらい」　③「8時間くらい」　④「8分くらい」

　太陽の光は、太陽を出発して約8分20秒で地球にたどりつきます。④が正解ですね。

　つまり、今私たちは、約8分前の太陽の姿を見ているということです。何か、不思議な感じがしますね。

語りのポイント

＊「太陽に着くまでに「歩いて4281年」「新幹線でも68年」かかるということを強調することで、「光だと8分20秒でたどり着く」のところで子ども達の驚きが大きくなる。

情報BOX

参考：https://koyamachuya.com/space/99920/（1光年ってどのぐらい？　天体の光が地球に届くまで―『宇宙兄弟』公式サイト）

88 関係ない辺の長さに注意！
★全国45万人の6年生が間違えた問題

原実践者／ライター：木村重夫

教室での語り

1　直角三角形です。面積を求めなさい。

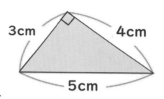

この問題は2021年度の全国学力テストに出され
た問題です。全国約100万人の小学6年生の正答率
55%。およそ半分の45万人ができなかった問題です。

この問題には、**面積を求めるのに関係のない辺の長さが書かれています。何cm
の辺だと思いますか。**そうです。5cmの辺です。これを底辺としたら高さがわ
かりません。高さは底辺に垂直です。どれが底辺でどれが高さかわからない人が
多かったのです。このような問題は教科書にあまり出ていません。**面積を求めて
ごらんなさい。**

答えが12cm²になった人？　6cm²になった人？　3×4÷2＝6　答え6cm²です。
「÷2」を忘れた人がいますね。公式も正しく覚えておきましょう。

2　平行四辺形です。面積を求めなさい。

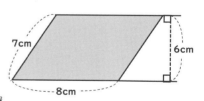

この問題も2013年度の全国学力テストに
出されました。こちらは80%の子ができまし
たが、間違えた子も20万人くらいいました。

面積を求めなさい。　8×6＝48　**答え48cm²**
間違えた答えを予想してノートに書きなさい。なぜ間違えたのかも書きなさい。
「56cm²…8×7をした」（実際は6.4%）
「24cm²…三角形と同じように8×6÷2をした」（実際は4.4%）
「336cm²…全部をかけて8×7×6をした」

**情報
BOX**　参考：2021年度全国学力状況調査、2013年度全国学力状況調査（文部科学省）

---

89 三角形の面積

★原理の組み合わせで面積を求める

原実践者：向山洋一／ライター：竹内進悟

教室での語り

1　「**この三角形の面積を求めます。面積の求め方を、先生が一目見て、ぱっとわかるように、ノートに書いて持っていらっしゃい**」

　前の時間に、直角三角形は長方形の半分の面積であることを学習した後である。突破できると推測する。大事なのは、ノートを持ってきた子への対応である。

2　「**一番！　よく書いたなあ。15点**」

　子どもは「えっ！？」となる。そう簡単には突破できないことが教室全体に伝わる。丁寧に、詳しく書かないと高得点は取れないぞとなる。最初に優秀な考えを持って来る場合もあるが、初めは厳しくつける。

3　「**50点以上取った人には黒板に書いてもらいます**」

　黒板にノートに書いたことをそのまま写させ、発表させる。教師は、なぜその子の書き方がよいかを子どもとやりとりしながら解説していく。

<90点の解答のイメージ>

　まず、三角形を半分に分けます。次に、半分に分けた三角形をまた半分にして、先の方を図のように上にくっつけます。すると、一辺が3㎝の正方形になるので、面積は3×3＝9㎠です。

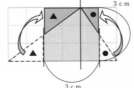

語りのポイント

評定する基準を自分なりに作っておかなければいけない。例えば、図を丁寧に描いている20点、答えを求める式が全て書いてある20点、記号や矢印を使ってわかりやすく書いてある20点、言葉で詳しい説明が書いてある20点、などである。

4　「**一番いいなと思った友達の考えをノートに書いておきなさい**」

　考えることが苦手な子も、黒板の友達の考えを見ながら写すことができる。

90 台形の面積
★何通りかの方法で面積を求める

原実践者：向山洋一／ライター：竹内進悟

教室での語り

1 **「君たちは今までに四角形の面積の求め方を習いました。そして、四角形の面積の求め方を使って、三角形の面積を求める方法を考え出しました。今日は台形の面積の求め方を勉強します。今まで勉強した方法を応用して、次の台形の面積を何通りかの方法で求めなさい」**

向山氏は「5通り以上の方法で出しなさい」という発問もしている。既習内容を活用して解く旨を、無駄のない自然な言い方で伝えている。

2 **「何通りでもいいのです。多い方がいいのです」**

「念を押した」と著書は述べている。要するに、「(上底＋下底)×高さ÷2」という公式をすでに学んでいる子たちが評価されるのではなく、そうではない多様な考えが評価されるのだということを改めて伝えている。

3 **「黒板に出て書いてもらいます」**

向山学級では、10人子どもが出てきて板書している。黒板に書かれた5通りの方法についておそらく説明させているだろう。その中に、公式の元となる考えがあったのである。その説明をした上で、台形の面積を求める公式を教えている。ただ公式を教えるではなく、自分で解いた満足感や達成感も大事にした指導である。

語りのポイント

1 の語りの後、向山氏は下図のような台形を板書している。そして、おそらく子ども達はノートにその台形を書き、面積の求め方を書いていると推測する。

3cm
5cm
6cm

三角形型

三角形＋長方形型

長方形型

平行四辺形型

情報 BOX 出典：向山洋一『向山の教師修業十年』学芸みらい社、P.52-54
『新・向山洋一実物資料集第5巻』「どの子もできるようになる向山型算数〜向山の教材研究ノート〜」P.205-208
「この学習こそ、最高の内容を含んだ場面なのである」（上記著書より）

101

91 ひし形の面積
★ひし形と長方形の関係を一目で表す

原実践者／ライター：竹内進悟

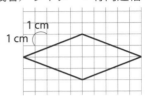

教室での語り

「ひし形の面積を求めます。先生が一発でわかる方法を描いて持っていらっしゃい。式を書いても計算を書いても絵を描いても構いません。何でもいいですから解き方を書いて先生へ持ってきてください。

先生はそれに100点とか50点とか点数をつけます。答えが合っているかどうか、そこを見るのではなくて、考えが先生にわかるかどうか、そこを判断します」

この単元では、様々な図形の面積の求め方を学習する。三角形や台形の面積を考えた時と同じように、自力で求める体験が必要だ。

解答は、自分で模範解答を考えてみると高得点のイメージがわく。図30点、言葉の説明30点、式20点、記号や矢印などの補足20点などのように配点を決めた上で、図に辺の長さが書きこんである、説明の文が短い、などポイントを作るとよい。

右図のような解答が子どもから出た場合は、必ず取り上げる。対角線×対角線÷2の公式に直結する考えである。出ない場合は教師が説明する。

語りのポイント

ノートを持ってきたどの子に対しても、教師はにこやかにほめながら対応する。「なるほど、図に式が入りましたね。40点！」などと評定のポイントを言ってあげると全体に伝わっていく。

＜解答例＞まず、ひし形を4つの三角形に分けます。外の長方形は、ひし形の三角形と同じ三角形が二つずつあります。長方形の面積は縦4cm、横8cmなので、32cm²です。ひし形はその半分なので32÷2＝16cm²です。

情報BOX　原実践：向山洋一『向山の教師修業十年』学芸みらい社
木村重夫『続・成功する向山型算数の授業』明治図書

92 シュート成功率と野球の打率
★割合の原理がスーッとわかる向山氏の介入授業

原実践者：向山洋一／ライター：木村重夫

教室での語り

1　3日間の練習で、投げた数と入った数は、下の表の通りです。

　1日目見てごらんなさい。15回投げて6回入った。入らないのがあるね。入らないのは、その右側、ボールの下あたりに、入らなかった数を書いてごらんなさい。入らなかったのは9だね。つまり1日目は6勝9敗だ。同じように2日目。16回投げて8回入った。入らなかったのは何回？　みんなで、さんはい。(8回)　そう、そのとなりに8と書いてください。2日目は8勝8敗だ。

　3日目いきます。20回投げて12回入った。じゃ入らなかったのは何回ですか。みんなでさんはい。(8回)　8回だな。12勝8敗だ。

　では1日目と2日目、比べてみよう。6勝9敗と8勝8敗。どちらがいいんですか。8勝8敗だな、上に上がってますね。8勝8敗。負け越してたのが五分になった。

　次。2日目と3日目を比べます。8勝8敗と12勝8敗。どちらが多いですか。12勝8敗。だんだん上手になったのですね。

(向山氏コメント 「この方がはるかにわかるでしょ？　上達しているということが」)

2　真ん中取り上げてみましょう。2日目。16回やって8勝。

　野球で考えてみよう。16打数8安打。16回入って8回打てた。これを打率5割。そのことができる式を、ズボンの右側に書いてみます。式を言ってみましょう。8÷16ですね。計算すると0.5。0.5のことを別名5割ともいいます。

　では同じようにして3日目の打率。20打数12安打。12÷20ですね。0.6です。打率6割。6割打者。イチローよりかすごい。最初の日。15打数6安打の式は6÷15で0.4。打率0.4というのは4割打者。松井クラスですね。

(向山氏コメント 「これはこの程度やっちゃっていいんですよ」)

情報 BOX　出典：『向山洋一氏の介入代案授業』向山型算数セミナー（岩手会場）、2002年

93 割合の基本型「全体」分の「部分」
★割合は分数にするとわかりやすい

原実践者：向山洋一／ライター：木村重夫

教室での語り

1 全部で10個のおはじきがある。

〇〇〇〇〇〇〇〇〇〇

一部分の3つだけが赤い。

〇〇〇〇〇〇〇●●●

「赤いのは、全体のどれだけか」

2 このような場合は、必ず分数にする。$\dfrac{部分}{全体}$ となる

3 数字を入れる。$\dfrac{部分}{全体} = \dfrac{3}{10}$

4 分数をわり算にかえる。$\dfrac{3}{10} = 3 \div 10 = 0.3$

5 0.3を割合にする。**3割**（野球で10回打ってヒット3本は何割ですか）

6 0.3を百分率にする。$0.3 \times 100 = 30$（%）

7 次のことはすべて同じである。
$3 \div 10 = 0.3 = 3$（割）$= 30$（%）
$$\dfrac{部分}{全体} = \dfrac{3}{10} = 3 \div 10 = 0.3 = 3（割）= 30（\%）$$

情報BOX 参考文献：『向山型算数教え方教室』向山洋一氏論文、2006年3月号、P.7

94 帯グラフ・円グラフ
★帯・グラフは他のグラフと関連づけて教える

原実践者：小松裕明／ライター：竹内進悟

教室での語り

1 「みなさんが、一番最初に習ったグラフ。何ですか？」（棒グラフ）

「棒グラフは、どんな時に使いますか？」（量、数など）

「そうです。おかしの数や、ある食べ物を好きな人数などですね。棒グラフは、数を棒の形にして、他の数と比べているのです。このように、比べることを一言で言うとどうなりますか。漢字二文字です」（比較）

2 「みなさんが、その次に習ったグラフ。何ですか？」（折れ線グラフ）

「折れ線グラフは、どんな時に使いますか？」（気温など）

「気温やみなさんの体重など、時間を追って変わっていくものをグラフにしたものですね。折れ線グラフは、一言で言うと何を表しているのですか。漢字二文字です」（変化）

3 「では、この帯（円）グラフは、一言で言うと何を表しているのですか。漢字二文字です」（割合）

6年生では、柱状グラフ（ヒストグラム）が出てくる。元はドットプロットのちらばりを表すのが柱状グラフである。柱状グラフも漢字二文字で表すと「分布」である。このように、それぞれの特徴や使われ方を端的に示すことで、活用力が身につく。

語りのポイント

それぞれのグラフを簡単に板書し、その下に、漢字二文字で表した言葉を書いていく。（情報BOX参照）視覚的に比較できるので、児童はより理解を深めることができる。「比べる」「変わっていく」を強調して言うと漢字二文字につながる。柱状グラフを扱う時にも同じ語りをするとよい。

情報BOX 原実践：小松裕明のサークルにて『小松裕明の代案授業』
グラフの下に漢字二文字を書く板書例（右図）。

95 花びらの数にはきまりがあるの？
★自然に隠れる変わり方　フィボナッチ数列

ライター：山崎克洋

教室での語り

数字を言っていきます。

紫つゆくさ3、さくら5、コスモス8、矢車草13、マーガレット21。

これらの数は何の数ですか？（花びら）

じゃあ、次に来るのは何枚？（34枚）

正解。マツバギクと言います。

これらの花びらの枚数には、どんな変わり方のきまりがありそうですか？

3＋5＝8、5＋8＝13のように、隣同士を足すと、次の数になります。

では、次は何枚？　（55枚）

55枚の花なんてあると思いますか？

実はあるんですね。ガーベラと言います。

このように多くの花が、このきまりに合わせて、花びらをつけています。

この変わり方のきまりに、1、1、2という数字を付け足した法則をフィボナッチ数列と言います。

西洋の数学者、フィボナッチさんが考えました。

このような変わり方のきまりは、木にも隠れています。

木が大きくなるにつれて、枝分かれする時この変わり方のきまりになっています。

自然の中にも、算数の変わり方の秘密がたくさん隠れているんですね。

語りのポイント

「どうしてこんなきまりで枝分かれをするのかな？」
と問うのもよい。
『太陽の光を満遍なく得るための自然の知恵である』ということについても触れることができる。

情報BOX

出典：「旧TOSSランド」越智鈴穂　実践
http://home.e-catv.ne.jp/suzuho/Fibonacci.html

※右QRコードからコンテンツがダウンロードできます。

96 折り紙で正多角形を作ろう
★正六角形　ハニカム構造の魅力

ライター：山崎克洋

教室での語り

円をかいた折り紙を、右の図のように3回折ります。

次に直線 AB で切り、開いてみます。

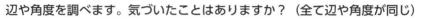

どんな形になりましたか？（八角形）

辺や角度を調べます。気づいたことはありますか？（全て辺や角度が同じ）

このように辺の長さが全て等しく、角の大きさも等しい多角形を、正多角形と言います。　※他の正多角形も確認

教室や身の回りにある正多角形を探します。ノートに3つ書けたら、持ってきます。　（ロッカー、天井、床、サッカーのゴールネットなど）

このように私たちの身近には、正多角形がたくさんあります。例えば、蜂の巣。正六角形が敷き詰められています。でも、どうして蜂は正六角形の巣を作っているのでしょうか？

1つ目は、効率的

巣を作る時、無駄なく作れます。

2つ目は、強さ

六角形は他の図形よりも、力が分散して耐久性の強い巣ができるそうです。このような蜂の巣の構造をハニカム構造と言います。

これを応用して、自衛隊のタイヤ、航空機の部品、サッカーゴール、枕、さらには、今計画中の宇宙エレベーターにまで使われようとしています。

語りのポイント

正多角形の導入で語りたい。
正多角形を折り紙で作った上で、これらの正多角形が身の回りにたくさん使われていることに気づかせる。
自分なら六角形を学校のどこに生かすか？　問うのも面白い。

自然界の多角形を私たち人間は応用して、生活を豊かにしてきたんですね。

情報BOX

参考文献：上村文隆『生き物たちのエレガントな数学』技術評論社
ミミクリーズ（NHK for School）『はちのすのヒミツ』

97 正六角形と正八角形をかこう
★自然界に隠れる　正六角形の美しさ

ライター：山崎克洋

教室での語り

1　正多角形の作図の方法は教科書では2つ紹介されている。

その1つがコンパスと定規だけで作図する方法である。

コンパスと定規を使っての作図については、口で説明するよりも、動画を見せて一度イメージを持たせたい。

右のQRコードを読み取ると動画を見ることができる。

その上で、教師と一緒に作図をしていくことで、作図のスキルを身につけることができる。

正八角形でも同じように作図できる。

2　正六角形の美しさ

みんなが描いた正六角形は実は自然の中にも隠れています。

例えば、雪の結晶。

色々な種類がありますが、その多くが正六角形になっています。

他にも銀河系の分布や土星の中にも正六角形は隠れているのです。

もしかしたら、みんなの身の回りにもまだまだ正六角形が隠れているかもしれませんね。

語りのポイント

正六角形にしぼって、子ども達に図形の魅力を伝える語りになっている。

実際に写真を見せながら、語りをすることで、子ども達に六角形の美しさに気づかせることができる。

情報 BOX　参考文献：上村文隆『生き物たちのエレガントな数学』技術評論社
家庭学習レシピチャンネル（**YouTube**）

98 円周率の語り①
★アルキメデスや関孝和に挑戦する

原実践者：布村岳志／ライター：山崎克洋

教室での語り

　数学者のアルキメデスさんは、円周率をより正確に出そうと考えました。

①直径4cmの円の周りと中に正方形を描きます。

②周囲の長さが短い順に言います。

　【外の正方形】　4×4＝16

　【円】　　　　4×3.14＝12.56

　【中の正方形】　2.83×4＝11.32

中の周りの長さ＜円周＜外の周りの長さ

　次に、正五角形で考えます。

　【外】2.82×5＝14.1

　【中】2.14×5＝10.7

　10.7 ＜ 円周 ＜ 14.1

　円周率は、円周÷直径で求められる。

　2.675 ＜ 円周率 ＜ 3.525

　同じように、円を囲む形を、正六角形、正八角形、正十角形…と円に近づけていく。

　すると、円周率の範囲が狭くなっていく。

　「アルキメデスは何角形まで計算したと思いますか？」

　正解は、正96角形です。

　アルキメデスから約2000年後。関孝和という日本人も円周率に挑戦しました。「何角形まで計算したと思いますか？」2の17乗、つまり、131072角形です。

> ### 語りのポイント
>
> 実際にアルキメデスの方法でやってみると、かなり手間がかかることがわかる。
>
> 体験した上で、アルキメデス、そして、関孝和の記録を紹介することで凄さがわかる。
>
> 最後の関孝和の記録は、一度に書かず、少しずつ書いていくと盛り上がる。

情報
BOX

参考文献：桜井進『雪月花の数学』祥伝社
『算数教科書教え方教室 1月号』「論文審査　円周率の指導の最高峰」明治図書、2015年

99 円周率の語り②
★塾で知って自慢げな子を知的に上回る

ライター：川田啓輔

教室での語り

例題「直径の長さと演習の長さの関係を調べましょう」

子「ぼく知ってるよ！　直径×3.14でしょ！」それにつっこむ。

3.14とは何ですか？（子「円周率です」）さらにつっこむ。

円周率とは何ですか？（子「円周と直径の長さの割合です…」）

すごいなぁ！　よく言えた。それが3.14、ということなんですね？

実は、円周率は計算しやすいように「3.14」としていますが、正確には「約3.14」なのです。割り切れずにずーっと続いていきます。

現在、何桁まで計算できているでしょうか？（イメージしやすいように途中まで板書する）（予想させる）

現在、（ゆっくり間を置きながら数字を板書する）

「62　8　けた」（位を付け加える）

「62兆8000億けた」（子ども達驚く）

3.の後に62兆個も数字が続いていくんですね。なぜ人々はここまで円周率を求めるのか？

円周率の桁数は、コンピュータの性能を測るのに適しています。短い時間により多くの計算ができると、処理能力やプログラムが優れていることになります。

> 3.1415926535…
> 10けた

1415926535897932384626433832795028841
9716939937510582097494459230781640628
6208998628034825342117067982148086513
2823066470938446095505822317253594081
2848111745028410270193852110555964462
2948954930381964428810975665933446128
4756482337867831652712019091456485669
2346034861045432664821339360726024914
1273724587006606315588174881520920962
8292540917153643678925903600113305305
4882046652138414695194151160943305727

サイトで提示される小数点の一部

語りのポイント

* 「円周率は何か？」と尋ねるあたりで多くの子は答えに詰まるが、中には粘る子もいる。教師はそれを楽しんで対応する。

* 桁数の予想で「○億」など大きな数を言った時、驚きながら対応し、発表すると盛り上がる。

情報BOX

現在の円周率のギネス記録は、2021年8月にスイスの研究チームがスーパーコンピュータで108日9時間かけて計算したものが最新となっている。インターネットで検索をすると、ずっと円周率を計算するサイトが見つかる。
※例：https://qr.paps.jp/cNT0g（短縮版URL）　右：QRコード
子ども達と一緒に見ると、どれだけ長いかが実感できる。

100 地表から1mのロープの長さ
★地球を切って円で考えさせる

ライター：川田啓輔

教室での語り

　地球をぐるりと囲める、もの凄く長いロープがあるとします。地球の地面から1m離します。広大な地球の円周よりも1m長いロープは、地球の円周よりもどれだけ長くなるでしょうか。地球の半径を6000kmとします。

　予想を聞きます。あてずっぽうでかまいません。（大きな数値が出るだろう）

　地球をスパッと真横で切ってみましょう。丸い物を真横で切ると、切り口はどんな形になるか知っていますか？

　（「円」）

　（黒板に円をかく）地球の半径を6000kmとします。直径は何kmですか？（「12000km」）円周を求める式を書きなさい。（12000km×3.14＝37680km）（難しいようであれば、電卓を使って計算する）

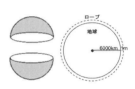

　1m離してロープをはります。（はじめの円に重ねて板書する）

　半径の長さは何ですか？（6000km1m）

　では直径は？（12000km2m）

　円周を求める式を書きなさい。

　（12000.002km×3.14＝37680.00628km）

　0.00628km長い。広大な地球の円周とその周りを1m離れたもの凄く長いロープの長さの差は（間を取って）…6…mなのです。教室の横の長さが8mくらいですから、それよりも短い。

語りのポイント

＊教科書では地球のイラストしか掲載されていない。ボールを見せたり、円を板書したりするとわかりやすく伝えられる。

＊予想と反し、実は6mほどしか長くならず、教室の横より短いと伝えると実感させやすい。

情報 BOX　実際の地球の半径は6371kmで、周は40075kmである。
地球外周を世界で最初に計算したのは今から約2300年前、エラトステネスという古代ギリシア人である。約925km離れた2つの地点から太陽の見える角度の違いが7.2°であると調べ、そこから地球の外周が約46000kmであると計算した。

101 ノートにそっくり写しなさい
★「そっくりそのまま」の指示が集中させる

原実践者：向山洋一／ライター：川田啓輔

教室での語り

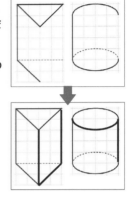

　三角柱と円柱の見取り図を完成させます。頂点を結びます。定規を使いましたか？

　見取り図をそっくりそのままノートに写しなさい。1つかけたら持っていらっしゃい。

（教室がシーンとする。作業に集中している）

（しっかりかけているか厳しくチェックする）

「定規で線を引いていません」

「頂点がずれています。おしい」（など）

（きちんとできていたら力強く）「合格！」

（合格した子にはもう一つの見取り図を写すように指示する）

　2つとも合格をもらった人は、赤鉛筆できれいに色を塗っています。

（次の展開図の授業）

　教科書の展開図をきれいになぞりなさい。

　工作用紙を配ります。

　工作用紙に展開図をそっくりそのまま写しなさい。できたら持っていらっしゃい。

（見取り図と同様に厳しくチェックする）

（合格した子にはハサミで切り取らせ、立体になるかどうかを確かめさせる）

（教科書をヒントに他の展開図を考えさせることで空白の時間を調整することができる）

語りのポイント

* 「そっくりそのまま写しなさい」と指示するとはじめ「えっ」と戸惑う。しかし、手本があり、ゴールがはっきりしている作業なので、驚くほど集中して取り組む。厳しくチェックし合格すると飛び上がって喜ぶ。

情報BOX

原実践：向山洋一『向山型算数教え方教室』明治図書、2000年4月号、P.57

トレーシングペーパーに写し取らせる実践も考えられる。トレーシングペーパーは、A4サイズを1/4に裁断したものを教室に常備しておくと便利である。

トレーシングペーパーが手元に無い場合は、書写で使う半紙で代用することも可能である。多少厚いが、写しとることはできる。

102 プログラミング的思考問題①
★体を動かして、プログラミングを体験させる

ライター：川田啓輔

教室での語り

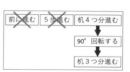

先生に命令を出してください。太郎くんのところまでたどり着かせてください。

子「前に進む」。（板書「前に進む」）

では、命令通りに動きます。（太郎くんを通り過ぎる）

命令が不十分でした。何を足しますか？（板書「5歩進む」、5歩進んで途中で止まる）

距離が足りませんでした。歩数は人によって違うようです。（「机4つ分進む」）

まだたどり着きません。どうしますか？（「回転する」何度？「90°」）

その後は？（「机3つ分進む」）たどり着きました！（板書する）

次に、先生を長方形に動かしてください。（やり取りしながら行う）

（机3つ分進む→90°回転する→机3つ分進む→90°回転する→机3つ分進む→90°回転する→机3つ分進む）（板書する）

同じことが出てきましたね。（「進む」と「回転する」）同じことは「繰り返し」として命令できます。

「3回繰り返す（進む→机3つ分進む90°回転する）→机3つ分進む」（板書する）

（正三角形も同様に行う）

語りのポイント

＊「命令が不十分です」、この部分を子どもと楽しみながら行う。教師を動かすだけでなく、指名した子やグループ内で行うとより盛り上がる。

＊サイトに入る前に正三角形にする角度を押さえる。（120°）

情報 BOX　コンピュータを扱う前にプログラミングとはどのようなものなのか、アンプラグド（コンピュータを使用せずに、コンピュータの仕組みやプログラミングの考え方に慣れ親しませる学習）で感覚を体験させることが大切である。

103 プログラミング的思考問題②

★PCで誰でも正三角形を書ける！体を動かすことでわかる

ライター：宮森裕太

教室での語り

※「正多角形と円周の長さ」の
単元でプログラミングサイトを
使った授業

①1辺3㎝の正三角形をかく手順
を考えなさい。→多くは60°回
転させて右図のように失敗する。

②「60°回す」ではうまくかけ
ないなら何度回転したらいいですか？　PCで何回も違う数字を入れてもいい。
実際に三角形の上に立ってみてもいい。友達と話し合って、解決しなさい。

実行したとき
3回くり返す
やること
前に3㎝進みながら直線をかく
60°　右に回転する

60°　では上手く三角形
をかけない。

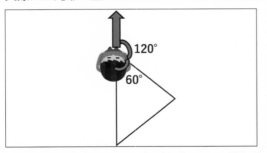

120°
60°

語りのポイント

*いきなり模造紙を渡すのではな
くて、子どもがあれこれ考え
て、「どうしてもわからない」と
思ったときに渡してあげたい。

*他の児童と話し合い、試行錯誤
することを大事にしたいので、
たっぷり時間をとってあげたい。

必要なら模造紙に正三角形を書かせ、考えさ
せる。

実際に模造紙の上に立ってみて体を動かすことで、体性感覚優位(体を動かす
ことで理解がしやすい)の子は、どのように回転するのかイメージが湧きやすく
なる。

情報
BOX

原実践：宮森裕太『教育トークライン』教育技術研究所、2020年5月号、P.16
自分はどこに立っていて、何度曲がれば正三角形になるのか。話し合わせることで、60°は
内角。120°曲がることで、正三角形をかくことができることに気付かせた。物を与えるこ
とで自力解決することができた。

104 プログラミング的思考問題③
★ビジュアルプログラミングを使い「反復」を教える

原実践者：塩谷直大／ライター：赤塚邦彦

教室での語り

1 命令ブロックを使って、車を動かすことができましたね。（図1）

今皆さんが行ったことをワークシートにまとめました。（図2）

問題を読んでごらんなさい。

「同じ命令を線でかこんでみましょう」

2 同じ命令は何回ありましたか。（指名）

そう、4回ありましたね。

3 同じプログラムを4回繰り返すことを「反復」と言います。言ってごらん。

4 反復をすることでどんなよいことがあるのでしょうか。ノートに書きなさい。

（出てきた意見はすべてほめる）

5 反復があることで、命令ブロックを出す回数は減ります。そうすることで間違いも減りますね。（図3）

6 計算が人間と比べて早いコンピュータもこのような「反復」のプログラミングを使っているのです。

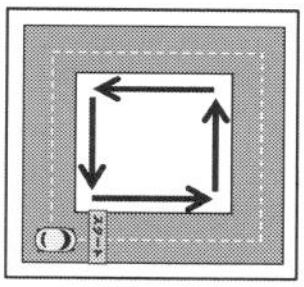

図1

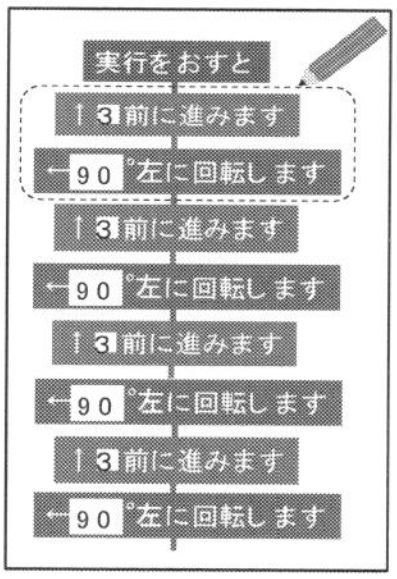

図3

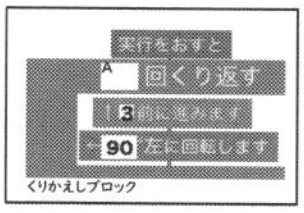

図2

語りのポイント

語りの前段として、ビジュアル・プログラミングを使った体験をさせることが大前提である。その上で「反復」を教えることで、作業量が劇的に減ることが自然に理解できる。語る前に体験させなければならない。

情報 BOX

原実践：塩谷直大『教育トークライ』教育技術研究所、2020年ン11月号、P.44-45
本ページは塩谷氏作成のコンテンツとワークシートを使って授業をしたが、教育出版では、「正多角形と円」に対応したプログラミングのページを公開している。「小学算数プログラミング教材（教育出版）」と検索するとアクセスできる。

105 プログラミング的思考問題④
★逆転現象が起こる、知的な「正方形探し問題」

原実践者：木村重夫／ライター：中田昭大

教室での語り

❶ **「4つの点を頂点とする正方形は何こありますか。できたら見せに来なさい」**

❷ できた子がノートに9こと書いて持ってきました。静かに×をつけました。

❸ しばらくすると、10こと書いて持ってくる子がいました。**「Aさんの答えは×だけど考え方は高級だ。大きな正方形があることに気がついたんだなあ」**

❹ ある子は、14こと書いて持ってきました。中くらいの正方形に気づいたのです。目のつけ所は素晴らしいのですが×をつけました。

❺ 今度は、18こと書く子が出ました。斜めの正方形に気づきました。大変惜しいのですが、×です。18ことする子が続いたので、次のように言いました。

「Bさん、みんなに考え方を説明してごらん」

その説明に納得し、正解ではという雰囲気になりました。しかし、正解ではないので待ちました。

❻ 物静かなCさんがノートを持ってきました。

「Cさん、正解！」と告げると歓声が上がりました。Cさんに説明してもらうと一同納得の様子でした。逆転現象が起こった授業の一場面でした。

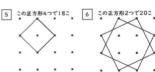

語りのポイント

＊子どもから答えを引き出し、それを語らせる。

情報BOX　原実践：『向山洋一映像全集　中　第三巻』「学力が向上する向山型算数・どの子も挑戦したくなる難問一問選択システム」教育技術研究所

向山洋一氏をはじめ会場の大勢の方が同じ考えだった。ある女性の方が考え方を発表すると会場の空気が一変した。これぞ逆転現象という木村重夫氏の授業映像。

106 建物が線対称？

★建物のデザインに、線対称が使われるのはなぜ？

原実践者：NPO法人スマイル・プラネット／ライター：桜沢孝夫

教室での語り

1 （右の2枚の写真を見せる）

平等院鳳凰堂と、タージマハルという建物です。この2つの建物の形には、ある共通点があります。何でしょう。

子ども：どちらも、線対称です。

2 建物のデザインに、なぜ線対称が使われているのでしょうか。

子ども：かっこよく見えるからです。

子ども：安定して見えるからです。

3 デザイナーの方のお話です。

　　線対称は、建物だけでなく、日常生活のいろいろなところに使われています。対称につくられているものは美しい、整っていると感じる人も多いでしょう。また、壊れにくいという性質もあります。

　生活とつながっているのですね。これからも対称な図形の学習を頑張りましょう。

語りのポイント

＊「デザイナーの話」を語るときには、子どもたち一人ひとりの目を見ながら、ゆっくりと話し、子どもたちが情景を思い浮かべられるように語る。そのために、事前に紙を見ないで語れるようにしておきたい。

情報BOX

線対称の定義

「1本の直線を折り目にして二つ折りにしたとき、両側の部分がぴったり重なる図形を線対称な図形といいます。また、この1本の直線を対称の軸といいます」

（『新しい算数6』東京書籍、P.10）

107 対応する頂点①、②…
★低位の子も作図ができるちょっとした指導法の工夫

原実践者：木村重夫／ライター：桜沢孝夫

教室での語り

　右の図で、直線アイが対称の軸になるように、線対称な図形をかきましょう。

　右の（1）と同じ図形を印刷した紙を全員分用意する。子ども全員のパソコンやタブレットに同じ画像を映してもよい。

「頂点にグリグリマーク（・）をつけなさい」

「マークに1，2，…と番号をふりなさい」

　右の（2）のように、頂点に印をつけ、番号をふらせる。

「1，2，…の頂点と対称の軸を挟んで同じ長さの位置にグリグリマークをつけなさい」

「マークに①，②，…と番号をふりなさい」

　対称の軸と交わる点から対応する2つの点までの長さが等しい、という性質を生かして、右の（3）のように、「頂点1」に対応する点を「頂点①」として、印をつけ、番号をふらせる。

「①から順に、線で結びなさい。これで線対称な図形の完成です」

　右の（4）のように、①から順に線で結んでいく。ここで番号をふっていないと、③から⑤へと線を結んでしまう子どもが出てくる。

　ちょっとした指導法の工夫を行うことで、低位の子にもエラーレスラーニングで、失敗することなく、作図をさせることができる。

　また、作図は時間差が生じやすい。早くかけた子には丁寧に色を塗らせるなどして、時間調整を行う。

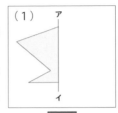

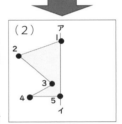

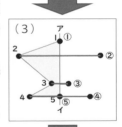

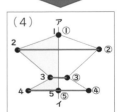

108 これは点対称な図形？
★イメージしにくい点対称の図形について学ぶ

ライター：桜沢孝夫

教室での語り

1 右の平行四辺形を、点を中心に何度まで回転させると、もとの図形に重なりますか。

同じ形の平行四辺形を2枚用意して、子どもに実際に回転させ、実感を伴った理解につなげる。

子：180度回転させたら重なりました。

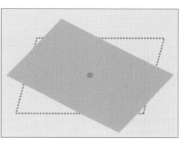

2 180度回転させると重なります。このような図形を、「点対称な図形」と言います。

点対称な図形の定義を押さえる。

3 右の正三角形も点を中心にして回転させたら、重なります。これも点対称な図形と言えますね？

同じ形の正三角形を2枚用意して、教師が「120度」回転させて重なる様子を見せ、その上で問う。子ども達の意見が分裂する。

子ども：先生、違います。

「どうしてですか？」

子ども：先生は180度回転させていないので、点対称な図形ではありません。

「回転」していれば何度でもいい、と誤学習していた子たちの理解を修正し、深い学びへとつなげる実践である。

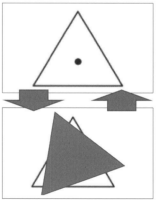

語りのポイント

＊教師がわざと間違え、その間違いの理由を子どもに説明させることで、深い学びにつなげる。

情報BOX

点対称の定義

「1つの点のまわりに180°回転させたとき、もとの図形にぴったり重なる図形を、点対称な図形といいます。また、この点を対称の中心といいます」

（『新しい算数6』東京書籍、P.14）

109 最初に完成図を見せる
★点対称の作図の際に、線対称との混乱を防ぐ工夫

原実践者：木村重夫／ライター：桜沢孝夫

教室での語り

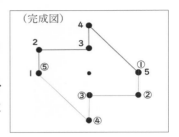

（完成図）

右下の図（1）で、点が対称の中心となるように、点対称な図形をかきましょう。

右下の（1）と同じ図形を印刷した紙を全員分用意する。子ども全員のパソコンやタブレットに同じ画像を映してもよい。

右下の（1）のような図を見たとき、多くの子たちは「右向きの矢印（⇒）」をイメージしてしまう。しかし、それは線対称な図形である。誤ったイメージを持たず、点対称な図形の作図をやりやすくするために、

「ゴール（完成図・右上）を見せる」

とよい。作図の不安を和らげることにもなる。

「頂点にグリグリマーク（・）をつけなさい」

「マークに1，2，…と番号をふりなさい」

右の（2）のように、印と番号をふらせる。

「1，2，…の頂点と対称の中心を挟んで同じ長さの（位置にグリグリマークをつけなさい」

「マークに①，②，…と番号をふりなさい。②の点までかけたら持ってらっしゃい」

対称の中心から対応する2つの点までの長さが等しい、という性質を生かして、右の（3）のように、印をつけ、番号をふらせる。難しい子もいるので、途中で持ってこさせて、教師がチェックする。

「①から順に、線で結びなさい。これで完成です」

右上の（完成図）のように、①から順に線で結んでいく。

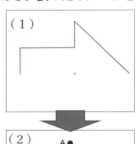

（1）

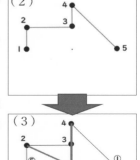

（2）

（3）

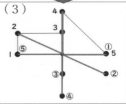

110 線対称の習熟を楽しく
★木村重夫氏作成の「トラくん」は子どもが熱中する

原実践者：木村重夫／ライター：桜沢孝夫

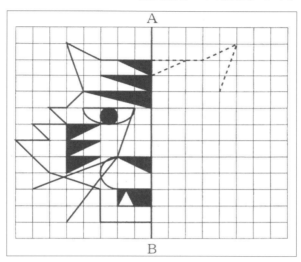

教室での語り

　対称な図形について、勉強してきました。今日は応用問題です。この「トラく
ん」は線対称な形になります。完成させましょう。

　子ども達に配布した途端に、「おもしろそう！」「やってみたい！」という声が
あがる。そして、熱中して取り組む。楽しく習熟ができる。以下のような声が子
ども達から挙がった。

　「できなくはないけど、簡単でもない！」

　「おもしろい！」「もっとやりたい！」

　早くかけた子には丁寧に色を塗らせるなどして、時間調整を行う。

情報BOX　出典：「親子で挑戦！　ダブル・キムラ先生の算数　ザ・宿題」
『向山型算数教え方教室』木村重夫氏論文、明治図書

111 知的で楽しい工夫
★「パックマン」で分配法則を教える

原実践者：向山洋一／ライター：井上和紀

教室での語り

1 （A＋B）×C＝A×C＋B×C

これが成り立つか。パックマンで考えます。

A × C ＋ B × C ＝ （ A ＋ B ）× C

A × C ＋ B × C

2回出てくるパックマン（×C）を○囲み。

A ○× C ＋ B ○× C

2つのパックマンを、両方の指で隠してごらん。

A ＋ B

残ったのはA＋Bです。

A＋Bをカッコで包みなさい。

（A＋B）

（A＋B）に、パックマン （ A ＋ B ）× C

語りのポイント

かけ算の分配法則のイメージをもってもらうため、パックマンを扱った。

2 **本当かどうか、やってみます。**

1×3＋0.4×3＝（1＋0.4）×3

2回出てくるパックマンを○囲み。

1○×3＋0.4○×3＝（1＋0.4）×3

2つのパックマンを両方の指で隠してごらん。

1 ＋0.4

1＋0.4をカッコで包みなさい。

（1＋0.4）

（1＋0.4）かけるパックマン。

（1＋0.4）×3＝（1.4）×3

情報BOX

出典：木村重夫『成功する向山型算数』明治図書

「パックマン」という呼び方はTOSS SANJOサークルで田代勝巳氏から学んだ。

www.tashirok.sakura.ne.jp/toss-sanjoreikai593.html

112 「面積図」で考えよう
★分数のかけ算も「面積図」で貫く

原実践者：田代勝巳／ライター：井上和紀

教室での語り

1　次の問題を考えます。

へいに緑のペンキをぬります。このペンキは、1dLあたり5分の4㎡ぬれます。ペンキの量とぬれる面積について考えます。

① このペンキ、3分の1dLでは、何㎡ぬれますか。

面積図で考えます。

縦3㎝、　横4㎝
の線を引きます。
長方形にします。

5分の4㎡	X㎡
1dL	3分の1dL

1dLあたり5分の4㎡ぬれます。もとになる数は1dL。左下、1dL。

1dLあたり5分の4㎡。1dLの上。5分の4㎡。

このペンキ3分の1dLでは何㎡ぬれますか。

1dLのとなり3分の1dL。隣同士単位は同じ。

3分の1dLでは、何㎡ぬれますか。

わからないからX㎡。上はX㎡。

2　面積図から式を求める。

長方形の面積を求める式は、縦×横ですね。

この長方形の面積は、5分の4×3分の1＝Xの式で求められます。

面積図は、分数同士のかけ算でも使えます。

語りのポイント

「面積図で考えます」このフレーズは、6年生を通して使える。慣れてくると「○○図」と言っただけで子どもは縦3㎝、横4㎝の線を引き始める。

情報BOX

参考：田代勝巳『TOSS SANJO例会　模擬授業』

分数のかけ算・割り算、小数のかけ算・割り算も、面積図で立式がやりやすくなる。実態に応じて、初めは「1dLあたり2㎡ぬれます。このペンキ3dLでは」と、簡単な数から「先生問題」として出すやり方も考えられる。

113 逆数の書き方・読み方を教える
★教えた通りに書かせ、言わせることで身につく

原実践者：向山洋一／ライター：木村重夫

教室での語り

1 授業開始直後に板書する。「写しなさい」「ノート2行を使います」

$$\frac{3}{4} \times \frac{4}{3}$$

「このように計算します」約分して=1と書く。

$$\frac{\cancel{3}}{\cancel{4}} \times \frac{\cancel{4}}{\cancel{3}} = 1$$

> これをこう読みます
> 4分の3かける3分の4は
> 4と4を約分します。
> 3と3を約分します。
> 答えは1分の1で1です。

「言ってごらんなさい」読み方を教えて言わせる。

逆数の基本型を身につけるために、音声からも入らせる。教えた通りに言わせることが大切だ。言えない子もたくさんいるはず。何度も教えて言わせる。

2 教科書を読ませる。「$\frac{3}{4} \times \frac{4}{3}$ のように、積が1になる2つの数の組み合わせを下の□の中から見つけて、式を書きましょう」

「積とは何ですか」（かけ算の答えです）

「問題文の『積』を『かけ算の答え』と言い換えて、もう一度問題を読みなさい」

「1つ式が書けたら持っていらっしゃい」「さっきと同じように書くのですよ」

斜線があるか。「＝1」と書いているか。

3 「4つとも書けた人は、黒板に書いてください」

$$\frac{\cancel{5}}{\cancel{6}} \times \frac{\cancel{6}}{\cancel{5}} = 1 \qquad \frac{\cancel{2}}{\cancel{9}} \times \frac{\cancel{9}}{\cancel{2}} = 1 \qquad \frac{\cancel{7}}{\cancel{8}} \times \frac{\cancel{8}}{\cancel{7}} = 1 \qquad \frac{1}{4} \times 1 = \frac{\cancel{1}}{\cancel{4}} \times \frac{\cancel{4}}{\cancel{1}} = 1$$

「習った通りに読んでごらんなさい」

「この4つの式はとっても簡単ですね。なぜですか。教科書に書いてありますね。知っていた人？　教科書を先読みできて賢い！」

情報BOX 第2回向山型算数セミナー IN姫路で、木村の「逆数」の模擬授業開始2分後に向山洋一氏が介入された。その授業をベースに、新教科書に合わせて修正した。
出典：木村重夫『成功する向山型算数の授業』明治図書、P.24

114 逆数はバッテン矢印で見つける
★積が「1」になるペアを見つける

原実践者／ライター：木村重夫

教室での語り

1　逆数を勉強しましたね。逆数とは「その数にかけると1になる数」です。つまり、「分子と分母を逆にした数」です。

$$\frac{5}{9} \times \frac{9}{5} = 1$$

逆数は「**バッテン矢印**」を使ってこのように表せます。ノートに写しなさい。

$$\frac{5}{9} \diagup\!\!\!\!\diagdown \frac{9}{5}$$

2　先生問題です。（以下、左側を提示して右側を書かせる）

$$\frac{456}{123} \diagup\!\!\!\!\diagdown \frac{123}{456} \qquad \frac{57198}{38246} \diagup\!\!\!\!\diagdown \frac{38246}{57198}$$

3　整数の逆数です。（5だけ提示する）整数は分数になおしてから逆数にします。

$$5 = \frac{5}{1} \diagup\!\!\!\!\diagdown \frac{1}{5}$$

4　小数の逆数です。（小数だけ提示する）小数は分数になおしてから逆数にします。

$$0.3 = \frac{3}{10} \diagup\!\!\!\!\diagdown \frac{10}{3} \qquad 2.3 = \frac{23}{10} \diagup\!\!\!\!\diagdown \frac{10}{23}$$

難問に挑戦　「AはBの逆数です。Aが1.75のとき、Bはいくつか」

解き方　1.75を分数にしてから逆数にする。約分して簡単な分数にする。

$$1.75 = \frac{175}{100} \diagup\!\!\!\!\diagdown \frac{100}{175} = \frac{4}{7}$$

情報 BOX
・逆数を「＝」（等号）でつなぐのは間違いである。「矢印」でつなげたい。
・1の逆数は1である。0の逆数は存在しない。
出典：向山洋一『教え方のプロ・向山洋一全集24』P.159

115 「面積図」で考えよう
★分数のわり算も「面積図」で貫く

原実践者：田代勝巳／ライター：井上和紀

教室での語り

1 次の問題を考えます。

　5分の2㎡のへいをぬるのに、黄色いペンキを4分の1dL使います。このペンキでは、1dLあたり何㎡ぬれますか。

① 式を書きましょう。何^{なに}で考えますか。（面積図）

2 面積図から式を求めます。

　縦3cm、横4cmの線を引きます。長方形にします。

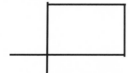

Xm²	5分の2㎡
1dL	4分の1dL

　1dLあたり何㎡ぬれますか。1dL「あたり」ですから、左下が1dL。1dLで何㎡ぬれるかわからない。1dLの上はどうなりますか。（Xm²）

　5分の2㎡をぬるのに、4分の1dL使います。X ㎡の隣、何㎡が入りますか。（5分の2㎡）隣同士単位は同じ。下は？（4分の1dL）

　このペンキでは、1dLあたり何㎡ぬれますか。式を言いなさい。長方形の面積を求めることと同じです。

（X　×　4分の1　＝　5分の2）

（＊または、内÷外＝1辺　だから、

　5分の2　÷　4分の1　＝　X）

　面積図は、分数÷分数でも使えます。

> ### 語りのポイント
>
> 「面積図で考えます」このフレーズは、6年生を通して使える。「面積図」と言わなくても子どもが書き始めるようになる。

情報BOX

原実践：田代勝巳『TOSS　SANJO例会　模擬授業』

6年生の算数を教えている田代氏が、とにかく面積図で押していくとわかりやすいと、実践を紹介しながら教えてくれた。筆者も面積図で教えていくと、子どもが次にやることがわかり、見通しが持てる様子だった。

116 比の利用
★ピラミッドの高さはどのようにして測ったのか

ライター：前崎　崇

棒
20cm
影
40cm

200m

教室での語り

○キリストが生まれる前の大昔、紀元前6世紀頃のエジプトのお話です。ギリシャの商人ターレスがエジプトで測量術の勉強をしていました。ある日、王様が、

「ピラミッドの高さを測りなさい」

と部下に命令をしましたが、誰一人、測ることができませんでした。ターレスが進み出て、次のように説明したのです。

　晴れた日、ピラミッドのそばに右のような1mの棒を立てます。すると、影ができます。この両方の影を測り、何倍になっているかを計算していけば求めることができます。

　今、棒の長さが1mだったのが、その影は2mになっていますね。ピラミッドでも、同じように高さに比例して影の長さがついているはずです。そうすると、この計算でわかります。

　　1：2＝x：200

　王様はすっかり感心してしまいました。ターレスは、算数の比例の考えを使ってピラミッドの高さを求めたのです。

語りのポイント

＊ターレスの時代には、測量の機械などは何もないことを悟らせたい。

＊イラストなどを提示しイメージを持たせたい。

＊この時代にこの巨大な物を作れた背景にも算数があることを感じさせたい。

情報BOX　出典：向山洋一・木村重夫編『向山型で使える算数エピソード』柏木英樹論文、明治図書、P55-56

117 面積の比
★周の長さが6cmの正三角形と正六角形の面積の比

ライター：前崎　崇

教室での語り

■1　6cmのひもでできた三角形と六角形、2つの図形の大きさを比べるにはどうしたらよいでしょうか。先生が一目でわかるように、図や線や数値を書き入れてごらんなさい。

■2　第1ヒント：周りの長さが6cmの正三角形。1辺の長さは何cmですか。（2cm）
　　周りの長さが6cmの正六角形。1辺の長さは何cmですか。（1cm）

■3　第2ヒント：1辺2cmの正三角形の面積は求められますか？
（求められません）
　　この問題は面積を直接は求めません。

■4　第3ヒント：ある共通の形が隠れています。
　　正三角形の中にどんな形が隠れていますか。
　　正三角形の中に小さな正三角形が隠れています。
　　正六角形も同じようにやってもっていらっしゃい。

【解説】
　　1辺が2cmの正三角形の中に上と同じ正三角形が何個入っていますか。

　　4つ入っていますね。ということは、周りの長さが6cmの正三角形と正六角形の面積の比は4：6、簡単な比に直して2：3となります。

　　面積の比は、面積自体がわからなくても求めることができるのです。

語りのポイント

＊なるべくすぐには答えを教えず、考えさせたい。
＊直接的に面積を求めるのは、中3になるので、直接的に面積を求めようとしている生徒に直接求められないことを示唆したい。

情報 BOX

参考：奈良女子大学附属中等教育学校入試問題(改)
　　　桐朋中学校入試問題(改)

118 エジプトひも
★図形は洪水から生まれた？

ライター：前崎　崇

教室での語り

1　5000年前のエジプト。ナイル川が毎年7月になると洪水が起きていました。みんな洪水が起きることがわかっているので死者は出ません。他に困ったことは、何があると思いますか。

2　土地の境目が流されてわからなくなりました。

何が起こりますか。

「私の土地は、ここからここまでだ」「いや、そこは私の土地だ」。このようなことが起こります。

3　古代エジプトには、「縄張り師」という土地を測る人がいました。

4　一本の縄を準備します。同じ間隔で12等分に結び目を作ります。そして端を結びます。三角形を作ります。どんな三角形だと思いますか。

直角三角形です。

【解説】

このようにロープを上手に使いながら土地の上に正確な図形を書いていくのです。例えば、有名なピラミッドの底面は、正方形です。とても大きな正方形ですが、その直角には少しの狂いもありません。

では、「縄張り師」はどのようにロープを使っていたのでしょうか。

「縄張り師」が使うひもには12等分された結び目がありました。それを一辺が3：4：5の割合で作ると必ず直角三角形になるのです。

> ### 語りのポイント
>
> ＊5000年前に作られたあの巨大ピラミッド。現代のような測量機器、重機がない中でいかに正確に作られていたのか、驚きをもって語りたい。
> ＊その根拠となった物がこのエジプトひもである。

情報BOX　出展：『算数好きな子に育つ楽しいお話365』誠文堂新光社

---

119 地図の見方・縮尺
★再現！　ナスカの地上絵

ライター：大井隆夫

教室での語り

　皆さん、これ見たことありますか？（プリントしたナスカの地上絵を提示）子ども達から、「ナスカの地上絵」声が上がる。そうです。これは、ナスカの地上絵です。大きさは、どれぐらいでしょう？　なんと、300mを超えるものもあります。これは、○○小学校の運動場より大きいのです。そもそも、地上にいる人には絵には見えなくて、飛行機に乗っている人が偶然発見したのです。

　では、この巨大な絵は、どうやって描いたのでしょう。（何名か指名する。山の上から指示された等、教室が盛り上がること間違いない）

　実は、今のところどうやって描いたのかわかっていません。でも、ナスカの地上絵を再現した人がいます。再現したのは、九州産業大学工学部の諫見泰彦准教授。

　諫見泰彦准教授と小学生です。実は、皆さんも、ナスカの地上絵を描くことができるようになるのです。

　何の学習をすれば、できるのでしょう。算数の拡大と縮図です。そうです。小さく描いたものを、大きく拡大するのです。使う道具は、たったのこれだけ。（写真で画鋲と糸を提示）

　みんなで、ナスカの地上絵を再現できるよう、算数の拡大と縮小、地図の見方・縮尺を学んでいきましょう。

語りのポイント

語りのポイントは、写真の提示と、間である。
子ども達にとって、ナスカの地上絵など、パッとイメージできないものは、写真を用意し、提示する必要がある。

情報BOX

インターネット上には、子ども達と再現したナスカの地上絵が提示してある。
一人ひとりのGIGA端末も配布されている。子ども達にも調べさせることで、より意欲が高まる。

120 ひもで求める円の面積
★体験！　円の面積作り

ライター：大井隆夫

教室での語り

　これは、何でしょう。（ひもを用意しておく）

　このひもを使って、先生が何を創るか見ていてください。（手元カメラを使って、ディスプレイに大きく映し出しておくことがポイントである）

　何ができましたか。そう、円です。（右図を提示する）

　でも、円で完成ではないのです。（おもむろにハサミを取り出す）

　ここから切ると、何の形ができるのでしょう？　（様々予想を出させることが大切である。予想を出せることにより、一気に子ども達の集中力が増す）

　では、実際にやってみましょう！　（もったいぶりながら、ゆっくりと切っていくことが大切である。右図のようになる）

　何の形になりましたか。そうですね。三角形です。

　三角形の面積の公式は、もう習いましたね。何ですか。そうです。底辺×高さ÷2ですね。

　じゃ、この底辺は、もともと何の長さでしょう。（この時に、もう一度、円の形に戻してあげることがポイントである。何度か見せることで子ども達も理解できる）

　そうです。円周ですね。高さは、何の長さですか。円の半径です。

　だから、円周×半径÷2ですね。では、円周を求める公式は？　直径×3.14×半径÷2。直径も半分にできるから、半径×半径×3.14となる。

語りのポイント

語りのポイントは、物を用意することである。
紐を実際に目の前で切って形を変えていく様を見せるのがポイントである。その時、敢えて教師は黙って静かに作業するのもポイントである。

情報BOX　紐を使って、円の面積を求める公式は、東京書籍や啓林館の教科書にも見られる。しかしながら、実際に目の前で、問いを入れながら、物を見せながら語ることで、より理解が深まる。

121 葉っぱの形の面積の求め方

★図・式・答えの三点セットで！

ライター：大井隆夫

教室での語り

　葉っぱの形の面積を求めます。

　難しいと感じた人。そうですよね。

　これは、一見すると難しい問題です。でも、問題を分解したら、今まで習ったことを使えば、簡単にできます。

　まず、次の①②③の面積を求めましょう。

　（ここは、簡単に済ませ、①②③の面積を確定することが大切）

　実は、①②③を使いこなせば、葉っぱの面積を求めることができるのです。

　すぐに思いついた人。

　（この時に、①②③の図形をたくさん用意しておくことが重要である。そうすることで様々な子ども達の考えに対応することができる）私の学級では、図のような考えが出た。（ここで大事なことは、答えを確定することである。答えを確定することで、子ども達は、この後、安心して取り組むことができる）他にも求め方がたくさんあります。先生に一目でわかるように、図・式・答えの三点セットで書いて持ってらっしゃい。

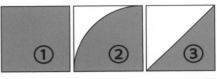

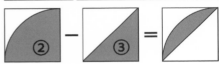

語りのポイント

語りのポイントは、図を用意することである。

一見するとわからない子も、図を使うとピンと来る。

また、答えを確定してから、様々挑戦させることも大切である。

情報BOX

これは、「向山型算数以前の向山の算数」で向山氏が台形の面積を教えた場面の応用である。今まで習った面積の求め方の応用で面積を求めることで、子ども達が熱中していくのである。

122 学校面積は○○を使えばカンタンに求められる
★GIGA端末活用に最適！

ライター：大井隆夫

教室での語り

およその面積や体積を求めてきました。

今日は、私たちのいる○○小学校の面積を求めてみましょう。（『Google earth』を使って自分たちの学校に近づく。この時点で教室は、大熱狂である）

まず、何をしないといけないですか。そうですね。およその形を決めないといけません。

○○小学校の土地は、およそ何形と言えば良いでしょうか。（台形）

次に何が必要でしょう。そうですね。長さを測らないといけないですね。

実は、便利道具があります。この定規を使うと長さを測ることができるのです。（『Google earth』のものさし機能を紹介する）

では、面積を出してみましょう。

次は、何を測りたいですか。福岡ドーム。まず、何をしますか。

そうです。形は、円ですね。次は、何をしますか？

そうですね。長さを測定。

では、面積を求めましょう。

次は、皆さんのGIGA端末を使って、面積を求めましょう。

ルールは、①場所を明記②およその形③式・筆算・面積を書いて持ってらっしゃい。黒板には、様々な面積が埋まり熱中のうちに授業を終えた。

語りのポイント

語りのポイントは、やはり『Google earth』の見せ方である。
では、今日は、ここの面積を求めてみましょう。という言葉を言い終わって、画面に注目させることで、一気に子ども達の心をつかむことができる。

情報BOX

『Google earth』を使うことで、子ども達は、熱中して授業に取り組む。
なぜならば、自分たちの身近な公園、家も次々と測定でき、面積を求めることができるからである。
さらに、国会議事堂などどんどん測定し、学習に取り組む。

123 比例の面白問題

★学校の1階から2階までの高さは？

ライター：前崎　崇

教室での語り

1 小学校の1階から2階までの高さは？
（3m？　4m？　わからない）

2 1階の床から2階の床までを「高さ」とします。私の目の高ささまでで150㎝で、段数を数えたら10段でした。途中の踊り場まで12段、2階までで24段ありました。

3 どんなふうに整理しますか。
（表で整理してみる）

4 表を使ってどのように求めますか。
（1段の高さを求める）
（10段から24段まで何倍かを調べる）

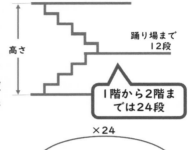

踊り場まで
12段

1階から2階まででは24段

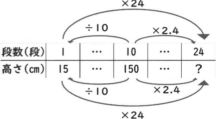

×24

		÷10		×2.4	
段数（段）	1	…	10	…	24
高さ（cm）	15	…	150	…	?

÷10　　×2.4

×24

教科書の比例の導入は、水と時間との関係からのものが多い。近年は、すべて自動になっているため、イメージできない児童もいる。そのため、身近にある学校の階段を使って課題提示することにより算数に対する興味を持たせる。

そして、比例の関係を理解させると同時に比例の有用性も感じさせたい。

語りのポイント

＊学校の「1階から2階の高さ」は、「1階の天井まで」ではなく、2階の床までということを提示する。そのため高さは測れない長さである。

＊表を使って調べることを子どもの発言から引き出したい。

情報 BOX

引用：『講座算数授業の新展開（第6学年）』新算数教育研究会

124 反比例の面白問題
★風で動くかざり「モビール」

ライター：前崎　崇

教室での語り

1 右の、船などがぶら下がっているように風で動くかざりをモビールといいます。

モビール、言ってごらんなさい。

2 大きさと数が違うのにどうして釣り合っているのですか？

3 棒（太線）の上が長さ、四角の中が重さ。
どんな関係がありますか。

4 支点から見た（長さ）×（重さ）が等しくなると釣り合うのです。

5 図の関係を式で表してみましょう。

（x × y ＝ 25 × 4 ）

6 このような関係を何というのでしたか？

（反比例の関係）

7 右下、モビールの問題です。x は何 g、y は何㎝でしょう。

【解説】

①では、4 × x

②では、2 ×24× 2 ＝96

よって、4 × x ＝96

③では、y ×16

④では 2 ×（ 4 ＋28 ）＝64

よって、y ×16＝64

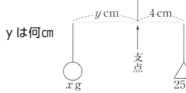

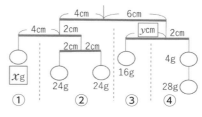

情報BOX

参考文献：『**未来へ広がる数学 1** 』P.141
【解答】
x ＝24（ g ）
y ＝ 4 （㎝）

125 パスワード問題
★パスワードの大切さを痛感させる

原実践者／ライター：高橋大智

教室での語り

1 先生は数字1桁のパスワードを決めました。それはなんでしょう。（カードを黒板に貼り、指名する）簡単に見破られてしまいました。0〜9の10通りしかないもんなあ。先生は新たに数字2桁のパスワードを決めました。それは何でしょうか。さっきより時間がかかるよね。だからより破られにくくなるんだね。

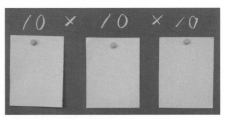

2 パスワードが数字のみの3桁なら何通りあるでしょう。（右上図のようにカードの上に10と×を書きながら）

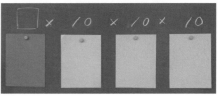

10通り10通り10通りで1000通りになるんだね。どんどん破られにくくなるね。4桁だと1万通りあるんだね。では、1番目だけ小文字のアルファベットにすると何通りになるでしょう。（2番目、3番目、4番目と同様に行う）

3 さらにパスワードを強化するには、どうすればよいでしょうか。どんな方法があるでしょうか。

語りのポイント

＊2桁のパスワードはなかなか当たらないので、当てた子を称賛する。

＊パスワード強化の方法はどれも認め、称賛する。実用性のある桁数や文字数であることも着目させたい内容である。

情報BOX パスワードの他に生体認証として、「指紋認証」「静脈認証」「顔認証」「虹彩認証」の4つが現在実用されている。（2021年）
8桁の大小英数字を含むパスワードは、スーパーコンピュータでさえ、解読に60.5時間かかる。（**Lockdown.co.uk,2009**）

126 レストランのメニュー問題
★選び方によって変わる代金の問題

原実践者／ライター：高橋大智

教室での語り

1 レストランに来ました。メインディッシュ、デザート、サラダをそれぞれ1品ずつ注文するとします。七面鳥をメインディッシュにするときどのような選び方があるでしょうか。先生より早く樹形図に表しなさい。何通りありましたか。9通りだな。つまり、メインディッシュが全部で3種類あるから、注文の仕方は全部で何通りですか。

2 でも、実は先生1200円しか持っていないんだ。七面鳥900円、トマトサラダ250円、ショートケーキ300円でいくらになる？（樹形図の横に式を書きながら語る）食べられないな。式の横に X を書いておきなさい。選び方によって代金は変わるんだな。今と同じように樹形図に表し、先生が食べることのできる組み合わせを探しなさい。

メインディッシュ	
七面鳥	900円
ステーキ	800円
ハンバーグ	750円
サラダ	
トマトサラダ	250円
ヘルシーサラダ	200円
ポテトサラダ	180円
デザート	
ショートケーキ	300円
チョコムース	250円
プリン	200円

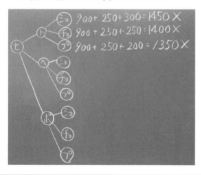

語りのポイント

＊最初の樹形図は、あえてゆっくりめに書き、できない子が写せるようにする
＊実は…と言って子ども達に懇願するように語りかける。
＊順序良く、整理させるために、樹形図と式を併用する。

情報 BOX 「起こり得る場合を順序よく整理して調べるとは、思いつくままに列挙していたのでは落ちや重なりが生じるような順序や組み合わせなどの事象について、規則に従って正しく調べたり、整理して見やすくしたりして、誤りなく全ての場合を明らかにすること」（『**H29小学校学習指導要領解説　算数編**』P.314）

127 図・表・式を使って考える問題
★図・表・式を結びつけて考える

ライター：井上和紀

教室での語り

1 正三角形のまわりの長さを求める。

正三角形の1辺の長さとまわりの長さの関係を、式に表しましょう。

教科書には図、表、式が順に書いてある。これを意識して結びつけさせる。

正三角形の1辺の長さが1cmの時、周りの長さは何cmですか。（3cm）教科書の図に「1」「1」と書き込む。

2cmの時は。（6cm）「2」「2」と書き込む。

3cmでは。（9cm）「3」「3」と書き込む。

2 図・表・式を結びつける。

同時に、下の表にも書き込む。

1辺の長さ（cm）	1	2	3	4
まわりの長さ（cm）	3	6	9	12

語りのポイント

三角形の図と表と式を順に扱う中で、変化のある繰り返しとなって子どもが理解していく。
リズムよく語っていく。

1cmの時は、1、1、1で3cm。2cmの時は、2、2、2で6cm。

3cmの時は？（3、3、3で9cm）式に表します。

1cmの時　1×3＝3　1は何の数ですか。（1辺の長さ）

2cmの時　2×3＝6　3は何の数ですか。（辺の数）

以下、数字を入れ、言わせる。

情報BOX

「どうして3をかけるのですか」と聞いたり、「どうやって求めましたか」と聞いたりして、数字の意味を考えさせていくことが大切である。

128 表し方によってわかりやすくなる
★ドットプロットを使ってみよう

ライター：加藤佑典

教室での語り

　皆さんは、先週の休みの日（土日）にいくつの番組を見ましたか。

※10人程度に聞く。それを黒板に記録する。記録の仕方は下図を参照する。

　その結果をお皿のマークで示します。例えば、〇〇さんは番組を2つ見たから、②とします。他の人も同じように記録しました。

　さて、この結果をみて、番組を4見た人は何人いるでしょうか。3秒以内に答えなさい。

　1、2、3そこまで。すぐに答えられた人はいますか。バラバラに書かれているから、数えるのが大変だったはずです。

　そこで、この記録を整理します。

＊ドットプロットのグラフを書く。下図を参照にする。

　縦軸を「人数」、横軸を「見た番組の数」にして整理してみました。これだと、

> ### 語りのポイント
>
> （1）記録を板書するとき、回数を色別（チョークの色）で書くと、よりわかりやすくなる。
> （2）学級全員に聞くと、ドットプロットをつくるのが大変なため、10人程度にしておく。

「4回見た人は、5人と最も多い」と一目でわかります。このように記録の散らばりのようすを点でわかりやすく示したものをドットプロットといいます。今から教科書で勉強していきましょう。

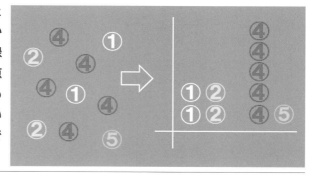

情報BOX　**参考文献：バウンド著、渡辺美智子監修『子ども統計学〜なぜ統計学が必要なのかがわかる本〜』カンゼン、2020年**
集めた情報を整理して見やすく工夫することはとても重要である。

129 最も多く出ている値は何？
★ひとつの目安「最頻値」を知っておこう

ライター：加藤佑典

教室での語り

　Aさんが月にもらうお小遣いは、500円です。

　ある日、Aさんは、お母さんに「友達がもらっているお小遣い金額の平均額が2380円だから、せめて2000円にしてよ」と言います。

　お母さんは、「え！？　いきなり高いよ。本当に平均2380円なの？」とAさんに聞き返しました。なぜ、聞き返したのですか。

　それはAさんが言った平均額に疑いをもったからです。Aさんは、5人の友達にお小遣いの金額を聞きました。

　Bさん400円、Cさん500円、Dさん500円、Eさん500円、そして、Fさん10000円。

　ここでおかしかったのは、Fさんの金額です。明らかに飛び抜けています。Fさんのお小遣い額が高かったことから、平均額がとても高くなっていたのです。

　これを知ったお母さんは、「500円をもらっている人が多いから、500円のままでいいよね」と提案しました。Aさんは仕方なく「はい」と認めました。

　さっきのお母さんの提案は、最も出現するお小遣い金額が5人中3人の500円だったから、高くする必要がないと感じたからです。

　最も多く出現する値のことを「最頻値（モード）」と言います。今回のように平均だけでなく、「最頻値」と新しい目安で考えることもあります。

語りのポイント

（1）友達5人のお小遣い金額は板書で示しておくと一目でおかしいところに気づく。

（2）理解しているかどうか確認しながら進めるとよい。

情報BOX 参考文献：バウンド著、渡辺美智子監修『子ども統計学〜なぜ統計学が必要なのかがわかる本〜』カンゼン、2020年
他の値から大きく外れた値のことを外れ値という。平均値は、外れ値の影響を受けやすい。その影響を排除する1つに最頻値という目安がある。

130 情報を整理しよう
★度数分布表を使って考えよう

ライター：加藤佑典

教室での語り

あるクラスでテストを行いました。そのテストの結果15人分を名簿順で出します。番号1から順に発表します。※以下を板書する。

15、90、100、83、67、93、77、45、

78、89、39、53、94、19、48

このデータを見て気づいたことを言いなさい。

＊反応例「100点がいます」「90点代が多いです」等。

これだとバラバラに表示されているためわかりづらいです。そこで次のように先生は分けます。1～19点、20～39点、40～59点、60～79点、80点～100点の人がそれぞれ何人いるかを数え、このような表にします。

※表は板書します（右図）。

区間(点)	人数(人)
1～19	2
20～39	1
40～59	3
60～79	3
80～100	6
合計	15

この表を見て、気づいたことを言いなさい。

例えば、80～100点の人が15人中6人いるため、「高得点を取った人が多い」と考えることができます。

このように区間で区切って、人数をまとめたものを「度数分布表」といいます。この表から、情報が整理され、様々なデータの傾向を読み取れます。

語りのポイント

（1）テストの結果は、授業が始まる前に書いておくとよい。
（2）度数分布表の枠も事前に書いておくとスムーズに進めやすい。

情報 BOX

度数分布表とは、一つの変量について調査したとき、変量のとりうる範囲を幾つかに等分し、区間ごとに、その範囲の値もとるものの個数を数えてまとめた表のことをいう。この区間を階級、また、各階級に属するものの個数を度数という。
（『算数教育指導用語辞典　第5版』教育出版、P.245）

131 一目でわかる統計グラフ
★統計３大グラフの１つ「柱状グラフ」

ライター：加藤佑典

教室での語り

世の中には、様々なグラフがあります。今まで学習したグラフの名前を出しましょう。※テンポよく、どんどん言わせていく。

円グラフ、折れ線グラフ、棒グラフといろいろありますね。

その中で「統計グラフ」というものがあります。統計グラフとは、バラバラなデータを整理して、わかりやすく情報を伝えるためのグラフのことです。統計グラフの１つを紹介します。

先ほど出した度数分布表（「130　情報を整理しよう」より）からグラフの形にします。

横軸を区間、縦軸を人数にします。それを細い長方形の形で表します（下図）。

このようなグラフを「柱状グラフ、別名ヒストグラム」といいます。

柱状グラフにすることで、１番人数が多いのは80〜100点の人だと一目でわかります。

柱状グラフは、統計３大グラフの１つであり、いろいろなところで使われています。

語りのポイント

（１）柱状グラフは、事前に書いておくとスムーズに進みやすい。

（２）ヒストグラムを紹介するとき、横軸と縦軸の単位を確認するとよい。

区間(点)	人数(人)
1〜19	2
20〜39	1
40〜59	3
60〜79	3
80〜100	6
合計	15

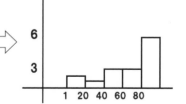

情報BOX　参考文献：バウンド著、渡辺美智子監修『子ども統計学〜なぜ統計学が必要なのかがわかる本〜』カンゼン、2020年
「柱状グラフ」、「散布図」、「箱ひげ図」の３つが統計３大グラフである。

132 真ん中の順位の数値で考える
★もう一つの目安「中央値」を知っておこう

ライター：加藤佑典

教室での語り

　Aさんが月にもらうお小遣いは、500円です。ある日、Aさんは、お母さんに「友達がもらっているお小遣い金額の平均額が2380円だから、せめて2000円にしてよ」と言います。最頻値（さいひんち）を説明するときに出た話（本書「129 最も多く出ている値は何？」から）と同じ展開になると思えば、今回は違います。Aさんが聞いた5人の友達のお小遣い金額は次の通りです。

　Bさん300円、Cさん400円、Dさん500円、Eさん700円

　Fさん10000円

　最頻値で考えてみると問題があります。5人とも金額が違うため、最頻値が出せません。そしたら、平均金額だけで考えなければいけなくなりました。Aさんお小遣いアップのチャンス？　と思いますが、お母さんがAさんに次のことを話します。「5人のお小遣い金額を小さい順に並べて、順位が真ん中の子は何円もらっているの？」

　これはどういう意味でしょうか。お母さんは、別の目安で考えているのです。データの大きさの順に並べたとき、ちょうど真ん中になる値のことを「中央値」といいます。この中央値も目安として考えられます。5人のお小遣い金額を小さい順に並べたとき、ちょうど真ん中はDさんの500円です。

　お母さんは、「真ん中が500円だから、このままでいいね」と言います。

　これから新しく習う中央値について学びましょう。

語りのポイント

（1）中央値について語る前に、最頻値を復習しておくとよい。
（2）平均値、中央値、最頻値の違いを考えると内容が深まる。

情報BOX

参考文献：バウンド著、渡辺美智子監修『子ども統計学～なぜ統計学が必要なのかがわかる本～』カンゼン、2020年

133 5000年前のエジプトの数字
★1・2・3に変わる数字は？

原実践者／ライター：石坂　陽

教室での語り

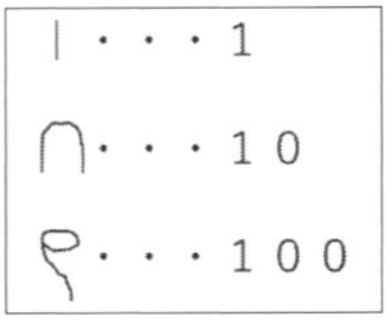

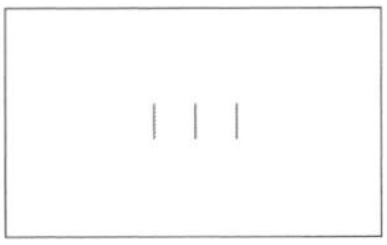

1 今、私たちは何気なく数字を使っています。でも、何千年も前の人類には、1・2・3だとか、10だとか、100といった数字がありませんでした。例えば、23という数を表すとします。あなたがもし何千年前の人だったら、どのように23という数を表しますか？

| ・・・1
∩ ・・・10
Ꝑ ・・・100

2 5000年前のエジプト。当然、今のように、1・2・3だとか、10だとか、100だとかといった数字はありません。それでも、当時のエジプトの人々は数を表していたのです。

| | |

3 例えば1、10、100を次のように表していました。（※板書する・右図参照）例えば、3だと、次のようになります。（板書する・右図参照）

∩ ∩ | | |

4 問題です。これは何の数字を表していると思いますか。（板書する・右図参照）そうです。最初に問題に出した23を表しています。

語りのポイント

（1）表記の仕方を考えさせる
最初に、表記の仕方を考えさせることで、後への意欲へと繋げる。
（2）余韻をもって終える
敢えて、1000や10000の表記の仕方は触れない。自発的に調べてくる子どもがいる。

5 それぞれ、何を表しているのか？　1は、ただの棒切れを表しています。10は家畜の足かせを表しています。100は縄を表しています。こうして古代エジプトの人々は、工夫して数を表していたのです。1000や10000はどのようにして表していたのでしょうか？興味があれば調べてみてください。

情報BOX

参考：『古代文明の数字─日本珠算連盟HP』
http://www.shuzan.jp/gakushu/history/02.html

134 0と1しかなかったら
★様々な数の表し方に触れさせる

原実践者：向山洋一／ライター：石坂　陽

教室での語り

1 みんなが今使っている数字は、「十進数」というものです。0〜9まで10個の数があります。ところで、0と1だけの数字で表す、「二進数」というものがあります。例えば、リンゴが3個あったとします。もしも、世の中に0と1という数しか無かったら、🍎🍎🍎をどう表しますか。

2 十進数では、9まで書くと、その次は0になって繰り上がります。二進数では、0と1しかないので、2ごとに繰り上がるのです。0と1だけを使って、1から10まで表すとどうなりますか。考えてごらんなさい。

3 1から10までを二進数で表すと、1・10・11・100・101・110・111・1000・1001・1010になります。

4 二進数は今でも使われています。例えば、マレー半島の原住民は今も、二進数を使用しています。ネタット（1）、ネイス（2）、ネイス・ネタット（3）、ネイス・ネイス（4）というように、です。

また、みんなが使っているパソコン・コンピュータも二進数が使われています。電気が通る・通らないの二進数なのです。

十進数以外の数字もあります。時間を表す単位、60分・60秒などは、60ごとに繰り上がり、六十進数です。

語りのポイント

（1）逆転現象
1から10を二進数で書かせる。意外な子ができることが多い。
（2）数の表し方の多様性
二進数・十進数だけでなく、六十進数にも触れ、数の表し方は様々あることを実感させる。

情報BOX 原実践：向山洋一『向山洋一全集24・「向山型算数」以前の向山の算数』明治図書、P.47-48
向山洋一氏は、この学習を通して、「思考力の深い、学問の香りを身につけた子ども達を成長させたい」と考えている。

135 0の3つの意味
★例えを出しながら意味を押さえていく

原実践者：向山洋一／ライター：石坂　陽

教室での語り

1 （黒板に「0」と書く）「0」はどんな意味があるでしょうか。思いついた事を何でもいいから言ってごらんなさい。

2 第一に、**「何も無いことを表す」**という意味があります。例えば、「アメが8個あります。5個A君にあげ、3個Bさんにあげました。残りは何個ですか」という問題の答えは「0個」になります。このように、何も無いことを表す意味があります。

3 第二に、**「位に数がないことを表す」**という意味があります。（黒板に2021と書く）例えば、2021という数字。百の位が0になっていますね。

このように、位に数が無いことを表すという意味があります。このような数は無数にあります。隣同士言ってごらんなさい。

4 第三に、**「基準点」**としての意味があります。温度計の0度は、温度が何もないということでしょうか？　違いますよね。

温度以外にも基準点としての0を表すものがあります。時刻もそうです。「0時」という時刻の表し方があります。

5 私たちが何気なく使っている0には、様々な意味があるのです。そう考えると、0という数字の見え方が変わってきませんか？

語りのポイント

（1）具体性
黒板に数字を書いたり、例えを出したりして、子どもがイメージしやすいようにする。
（2）問いかけ
教師から一方通行で話すのでなく、発問等もおりまぜる。

情報BOX
原実践：向山洋一『向山の教師修業十年』学芸みらい社、P.88
『向山洋一実物資料集・第12巻・学級経営編・学級通信スナイパー①』P.15
向山洋一氏は、高学年の学級開きの時にこの語りをし、まちがいを恐れないことの重要性を押さえている。

136 長方形とは何か説明しなさい
★子どもの意見から討論に発展する

原実践者：向山洋一／ライター：石坂　陽

教室での語り

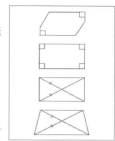

1　長方形とはどういう図形のことですか。言葉で言うとどうなるか考えてごらんなさい。（2分ほど考えさせ、発表させる）

2　例えば、「二つの線が並行で、角が直角である」という言い方はどうでしょうか。一見良さそうに見えますね。しかし、これはいくつか不備があります。まず、どんな図形なのかを言っていません。二つの線が平行で、角が直角な図形は、六角形などでもあり得ます。また、「二つ」なのか「二組」なのか、その違いもはっきりしていないですよね。

3　さて、『算数教育用語指導辞典（日本数学教育学会）』という本には、「四つの角がみな直角になっている四角形」と書かれています。これを答えの一つとします。その上で、他にどのような言い方が考えられるか、考えてごらんなさい。（2,3分程度考えさせ、発表させる）

4　ある学校の子どもで、「対角線の長さが等しい四角形」と述べた子がいました。この意見はどうでしょうか。そうですね。等脚台形なども対角線の長さが等しくなりますね。では、「対角線の長さが等しい四角形」という文の中に、一体何が足りなかったのでしょうか。このように考えると、より理解が深まっていきますね。

語りのポイント

（1）まず考えさせる
長方形はどんな図形か、まず自由に考えさせる。
（2）検討
その定義が本当にふさわしいのか検討させることで、子どもの様子を活性化させる。

情報BOX

原実践：向山洋一『向山洋一全集24・「向山型算数」以前の向山の算数』明治図書、P.48-49

137 リンゴを数えるかけ算の式
★絵から式の意味を考える

原実践者：向山洋一／ライター：宮森裕太

教室での語り

リンゴを数えるかけ算の式を書きなさい。

① ○○　　○○
② ○○○
③ ⌣　⌣　⌣

① 　リンゴを数えるかけ算の式で書きなさい。→ 2 × 2

かけられる数の 2 は何を表していますか？→リンゴの数

かける数の 2 は何を表していますか？→皿の数

リンゴは全部で 4 つ。この 4 は何を表していますか？→全部のリンゴの数

2	×	2	=	4
リンゴ（かけられる数）		皿（かける数）		全部のリンゴの数（積）

このようにかけられる数と積は同じ単位になります。

② 　リンゴを数えるかけ算の式で書きなさい。→ 1 × 3　　3 × 1

どちらが正しいですか？

→かけられる数にはリンゴの個数がくるから

3 × 1

③ 　リンゴを数えるかけ算の式で書きなさい。

→ 0 × 3

④ 　このように、かけられる数と積は同じ単位になることを教えると、他の文章題でも正しく立式することができます。

語りのポイント

＊①の立式をさせてから、②の絵を描く。次第に難易度が上がってくるので、子どもは熱中する。

＊②で「1 × 3」なのか「3 × 1」なのかを話し合わせることで、立式の意味を全員に理解させることができる。

情報BOX

原実践：向山洋一『年齢別実践記録集』東京教育技術研究所、P.161

この実践は向山氏が 5 年生の算数試験問題の一つに挙げていたものである。絵を描くことで何を求めさせたいのか明確になっている。

ここから、氏は、授業中に正しく立式させることをしていたことが予想される。

138 算額
★倍数を書き出して、求める

ライター：宮森裕太

教室での語り

【問題】きつねが田植えをします。なえを5束ずつ植えると1束あまり、7束ずつ植えると2束あまります。

なえの束は何束ありますか。いちばん少ない場合で答えましょう。

（福島県田村郡三春町稲荷神社奉納）

【解説】

説明1　5の倍数より1多く、7の倍数より2多い数をみつけていきます。

指示1　7の倍数をノートに書きなさい。

→7の倍数　　7，14，21，28，…

指示2　7の倍数より2多い数をノートに書きなさい。

→7の倍数＋2　　9，16，23，30，…

発問1　「9，16，23，30」のうち、5の倍数より1多い数は、いくつですか？

指示3　赤で○をしなさい。

→16

指示4　答えを書きなさい。

→16束

7 の倍数	7，	14，	21，	28，
7 の倍数＋2	9，	⑯	23，	30，

語りのポイント

＊「江戸時代の人たちが挑戦していた問題です。みんなも挑戦してみよう」と言うと意欲を持って取り組む。

＊「江戸時代の人はできたら、神社に問題と自分の名前を奉納したんだよ」と言って、できた子から黒板に名前を書いてあげる。

情報BOX　　**参考HP：『日本の算数の歴史　算額って知っていますか？』**
算額とは、和算の問題をつくり、問題、解き方、答えを絵馬に書き、神社や寺に奉納したもの。江戸時代に日本全国で流行し、現在900面の算額が残っている。

139 油分け算①

あぶら わ さん

★図をかくことでイメージが湧く

原実践者：林　健広／ライター：宮森裕太

教室での語り

【問題】（1846年『摘要算法』より）

　今、油が14Lがぴったり入った升があります。

　これを3Lはかれる升と、5Lはかれる升とをもって、7Lと5Lと2L に分けます。どうしたらよいでしょうか。※単位はLに変えています

【解説】14Lの升、5Lの升、3Lの升をそれぞれ大、中、小の升とします。

1　油を大から中の升へうつします。

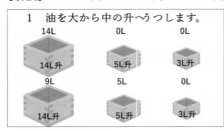

2　油を中から小の升へうつします。

3　油を小から大の升へうつします。

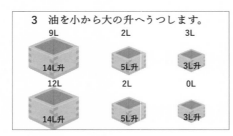

4　油を中から小の升へうつします。

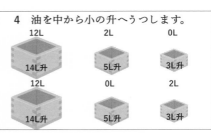

5　油を大から中の升へうつします。

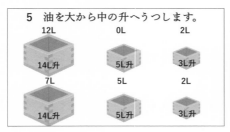

情報 BOX

出典：木村重夫・林健広編『教室熱中！ めっちゃ楽しい算数難問1問選択システム6巻』学芸みらい社、P.54

油分け算は和算の中でも、難しい計算が必要なく、パズルのように楽しくできることで、昔から評判だった。

140 つるかめ算
★図式化することで、計算が苦手な子でもできる

原実践者：谷　和樹／ライター：宮森裕太

教室での語り

【問題】つるとかめが合わせて10匹います。足の数は28本です。
　つるとかめは何匹ずついるでしょう。

【解説】

① 指示1　ノートに、丸を１０個書きなさい。

② 指示2　このように、足を２本書きます。
　　　足が２本なので、これはつるです。

③ 発問1　まずは全部つるだとして考えます。
　　　足は全部で何本になりますか。

$2 \times 10 = 20$

④ 指示3　一番右端に２０と書きなさい。

$2 \times 10 = 20$　20

⑤ 指示4　次に、上に２本足を書きます。
　　　足が４本なので、これはかめです。

$2 \times 10 = 20$　20

⑥ 発問2　足は全部で何本になりますか。

22
$2 \times 10 = 20$　20

⑦ 指示5　同じように、かめの足を
　　　増やしていきなさい。

28 26 24 22
$2 \times 10 = 20$　20

⑧ 指示6　つるは全部で６羽、かめは全部で４ひき
　　　になりました。答えを書きましょう。

28 26 24 22
$2 \times 10 = 20$　20
つる　6羽　　かめ　4ひき

情報 BOX　**出典：平野遼太『計算をしなくても解くことができる！　つるかめ算の解き方』TOSSランド**
つるかめ算を解く上で、イメージがつかめず、できない子どもがいる。そうした子に、この
指導をすると、意味の理解をすることができ、意欲的に取り組むことができるようになる。

141 からす算
★どちらの解き方でも褒めて、認める

原実践者：林　健広／ライター：宮森裕太

教室での語り

【問題】

　999羽のからすが、999の海辺で、1羽ごとにそれぞれ999声ずつ鳴いた
とします。鳴き声は全部でいくつになるでしょう。

| カァーカァー カァーカァー | カァーカァー カァーカァー | カァーカァー カァーカァー | カァーカァー カァーカァー | カァーカァー カァーカァー |

   ・・・

【解説】どちらの解き方でも可

1　根気強く計算する

999×999×999＝9億9700万2999

2　工夫して計算する

（1）　999に999を1回かける

式　999×999＝999×1000−999

　　　　　　　＝999000−999

　　　　　　　＝998001

（2）　（1）の答えに999をかける

※1000倍したものから998001を引く

式　998001×999＝998001×1000−998001

　　　　　　　　＝998001000−998001

　　　　　　　　＝9億9700万2999

語りのポイント

＊2通りどの解き方でも自力で答えが出せたことを認める。「算数は山登りと同じ。どの解き方でも答えという頂上に登れたらいいんだよ」と言って、様々な解き方が出るように語る。

情報 BOX　出典：木村重夫・林健広編『教室熱中！めっちゃ楽しい算数難問1問選択システム6巻』学芸みらい社、P.59

142 ねずみ算
★想像以上の大きな数になる！

ライター：小島庸平

教室での語り

　数が爆発的に増えていく例として有名なのが「ねずみ算」です。とてつもなく数が増えていくことを「ねずみ算式に増えていく」と例えることもあります。この「ねずみ算」を最初に取り上げたのは1631年の『新編塵劫記（48条本）』と言われています。次のような問題です。

> 　1組のねずみのつがい（夫婦）がいて、1月に12匹の子を産みました。この合わせた14匹が7組のつがい（夫婦）となって、2月に12匹ずつの子を産み、ねずみの数は合わせて98匹になりました。さらにまた49組のつがい（夫婦）となり、3月に同じく12匹ずつの子を産みます。このように毎月同じように12月まで子を産むとすると、12月の終わりには、ねずみは全部で何匹になっているでしょうか。

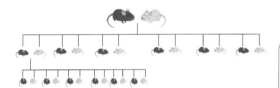

　1月につがいで12匹産み、合わせて14匹になります。2月にはこの14匹（7組）がそれぞれ12匹産みます。7×12＝84増えるため、合わせて98匹になります。合計は7倍した数ずつ増えていき、12月には、276億8257万4402匹となります。

語りのポイント

＊イラストのような図を板書すると問題を理解しやすい。

＊図を板書する際、「1組につき何匹増えますか」など発問を交えてテンポよく進める。

＊表にすると合計が7倍ずつ増えていくことがわかりやすい。

情報BOX 国立教育政策研究所教育図書館貴重資料デジタルコレクションにて、『新編塵劫記』を閲覧できる。
参考文献：吉田光由『塵劫記』岩波書店/谷津綱一『親子で楽しむ和算の図鑑』技術評論社、P.13

143 俵杉算
たわらすぎざん
★江戸の庶民にも浸透していた算術法

ライター：小島庸平

教室での語り

　米俵が規則的に積みあがっている様子が、杉の木の輪郭に見えることから、「俵杉算」と名付けられた。江戸時代の算術本では、必ずといえるほどこの方法が登場し、庶民の間にも浸透していた。現代では著名な数学者にちなんで「ガウスの和」などとも呼ばれる計算である。1659年『改算記』に次のような問題が載っている。

　米俵が図①のように、最上段に1俵、上から2段目に2俵という順に、下段へいくほど1俵ずつ増えるように積まれています。一番下の段には8俵あります。このとき米俵の数は全部でいくつありますか。

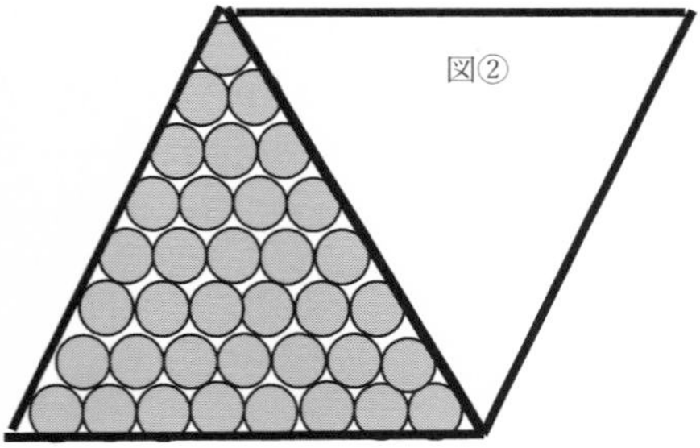

図②

図①

【解説】

　図①に図①をひっくり返した図②を用意し繋げます。すると平行四辺形が出来上がります。そして、この平行四辺形の底辺は、下段の8つと1つを合わせて9つ。積み上がった段数は最下段の数と同じはずなので8段です。このことから平行四辺形の面積と同じようにして、（8＋1）×8＝72となります。しかし、この面積は、最初の図①の米俵の2倍に当たるので、（8＋1）×8÷2＝36（俵）という計算が成り立ちます。

語りのポイント

＊米俵がイメージできるように図時したり、写真を示したりすると良い。

＊実態に応じて米俵の数を少なくして、小さな数字で練習すると理解が進みやすい。

情報BOX　今回は三角形になるように積み上げた問題であるが、台形になるように積み上げた問題もある。
参考文献：谷津綱一『親子で楽しむ和算の図鑑』技術評論社、P.126

144 小町算
こまちざん
★何通り思い付く？！

ライター：小島庸平

教室での語り

　1〜9までの数字が順番に並んでいて、それぞれの数字の間に「＋」「−」「×」「÷」のいずれかを入れて「100」を完成させる遊びを「小町算」と言います。平安時代の歌人「小野小町」の下に、百夜通い詰めた深草少将の「百夜通い」の話が語源になっているとも言われています。

　次の式です。

　□1□2□3□4□5□6□7□8□9＝100

　いくつの式ができるでしょうか。

　数字の間に何も入れず、隣り合う数字を2桁（あるいは3桁）の数にしてもよいです。

【解答例】

$1+2+3-4+5+6+78+9=100$

$-1+2-3+4+5+6+78+9=100$

$1+2+34-5+67-8+9=100$

$1+2+3+4+5+6+7+8×9=100$

$1+2+3-4×5+6×7+8×9=100$

$1+2+3-45+67+8×9=100$

$1+2+3×4-5-6+7+89=100$

$1+2+3×4×5÷6+78+9=100$

$1+234×5×6÷78+9=100$

$1+234×5÷6-7-89=100$

語りのポイント

＊小町算には解法はなく、トライ＆エラーを繰り返していくしかなく、根気よく考えることでいつか答えに辿り着くことを伝える。

＊できた子はノートを持って来させ、○か×だけを付ける。

情報BOX　小町算にはルールが様々あり、＋、−だけ使うものや、×、÷も許すもの、−1を許すものがある。学年や学級の発達段階に応じて出題の仕方を変えるとより盛り上がる。
参考文献：Newtonライト『さんすうパズル計算編』

145 油分け算②
★ハリウッド映画にも登場した算術

ライター：小島庸平

教室での語り

　江戸時代より伝わる『油分け算』があります。

　1631年『塵劫記』に次のような問題が載っています。

> 桶にあぶらが1斗入っている。
> 7升入りと3升入りの2つの桝を使って、油を5升ずつに分けよ。

【解説】

　3升の桝で7升桝へ3杯入れると、3升桝に2升残ります。いっぱいになった7升桝を元の桶へ空けます。3升桝に2升残っているのを、7升桝へ空けて、また3升桝で1杯入れれば、5升ずつに分かれます。これを表にすると次のようになります。

語りのポイント

＊1斗桶や桝のイメージがもてるように写真等提示すると良い。

＊例として、1つの方法を紹介してから取り組ませたり、途中まで一緒に取り組んだ後、子ども達に任せる等、実態に応じて取り組ませ方を変えると良い。

10升桝	10	7	7	4	4	1	1	8	8	5	5
3升桝	0	3	0	3	0	3	2	2	0	3	0
7升桝	0	0	3	3	6	6	7	0	2	2	5

　分け方は1通りではなく、7升桝をいっぱいにする方法もあります。

10升桝	10	3	3	6	6	9	9	2	2	5
3升桝	0	0	3	0	3	0	1	1	3	0
7升桝	0	7	4	4	1	1	0	7	5	5

　表ではなくグラフにして考える方法もあります。色々な方法で考えてみましょう。

情報BOX

　1斗＝10升、1升はおよそ1.8ℓ。
ハリウッド映画『ダイハード3』に油分け算が登場するシーンがある。
参考文献：吉田光由『塵劫記』岩波文庫/谷津綱一『親子で楽しむ和算の図鑑』技術評論社、P.170/小寺裕『和算って、なあに？』少年写真新聞社、P.106
油分け算は「塵劫記」という江戸時代の算術書に載っていたもの。「塵劫記」には解説書はなく、答えだけ載っていた。あえて考え方を載せないところに知的さを感じる。

146 魔方陣
★数字のおもしろさに気づく魔方陣

ライター：岩井俊樹

教室での語り

魔方陣とは、正方形をいくつかに区切り、数字を当てはめ、縦、横、斜めの和が全て等しくなるように書いたものです。

この魔方陣（①を板書）は3×3の魔方陣と呼ばれます。

この中に縦、横、斜めの和が全て等しくなるように、1〜9の数字を当てはめなさい。できたらもってきます。

（ノートを持ってきた子どもに○か×だけつける。何名か、○になったところで答え合わせをする）

4×4でもできます（②）。縦、横、斜めの和が全て等しくなるように1〜16の数字を当てはめなさい。

同じように魔方陣は5×5、6×6と増やすことができます。

江戸時代の和算家、安藤有益（あんどうゆうえき）は、30×30の魔方陣を作ったのです。

①

4		
	5	
8		6

こたえ

4	9	2
3	5	7
8	1	6

②

4	9		
	7		2
15		10	
	12		13

こたえ

4	9	5	16
14	7	11	2
15	6	10	3
1	12	8	13

語りのポイント

＊魔方陣には答えがたくさんある。数字が入っていない魔方陣だと、○つけに時間がかかる。列を作らせないためにも、いくつかの数字はあらかじめ書いておくと良い。

情報BOX

参考：大森清美『新版　魔方陣の世界』日本評論社

現在では、コンピュータを使い、マスの多い魔方陣を作ることもできる。
安藤有益の30×30の魔方陣やもっと大きい大魔方陣や、星形などの形のちがう魔方陣なども紹介すると良い。

147 一筆書き
★あれこれやってみる楽しさを体感する一筆書き

ライター：岩井俊樹

教室での語り

　一筆書きとは、一度も鉛筆を離さず、同じ道を通らずに書くことです。例えば、日（①を板書）。一筆書きで書いてごらん。（しばらく時間を取り、できた子どもに板書させる）これは、できますね。

　もう少し複雑にします。（②を板書）一筆書きで書いてごらん。（しばらく時間を取り、できた子どもに板書させる）

　では、田（③を板書）。できたら内緒で教えに来て。（しばらく考えさせた後、語る）実は田はできないのです。

　点があります。（語りのポイント参照）この点を入る、出る。またちがう道を行き、入る、出る。これを繰り返すと、必ずこの点を通る辺の数は偶数になります。反対に、終わる点は、入る出る入る出るをくり返して必ず入るで終わる。だから、終わる点の辺の数は奇数になります。同じように、始まる点の辺の数も奇数になります。だから、一筆書きができる図形は、

①辺の数が奇数になっている点が2つ。

②始まる点と終わる点が重なり、奇数の点が一つもない。

　このどちらかの場合しかないのです。

　田は、辺が奇数になっている点が4つあるから一筆書きできないのです。

語りのポイント

＊辺の数のところは、以下のように板書しながら説明する。

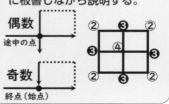

情報BOX

参考：『予備校のノリで学ぶ「大学の数学・物理」』「グラフ理論①」YouTube

一筆書きは、和算学者武田真元が著わした『真元算法』の「浪華二十八橋知恵渡」問題や「ケーニヒスベルクの橋」の問題が有名。これらの問題ができないということを証明したのがドイツの数学者レオンハルト・オイラーである。

148 プログラミング的思考問題①

★日常的な判断を、数値を元に考える

ライター：岩井俊樹

教室での語り

あなたなら借りますか？

みなさんは、300万円の車を買いたいのですが、お金が足りません。

すると、ある人がこんなことを言ってきました。

「300万円を貸してあげる。来月に、1日は1円、2日はその2倍で2円、3日は前の日の2倍で4円、4日はその前の日の2倍で8円。そういうふうに、25日まで払ってくれればいいよ」

みなさんなら、お金を借りますか？

（借りるか借りないか、挙手させる。理由も言わせる）

では、25日だと一体いくら払わなければならないのか計算してごらん。

※板書は途中を省略してもよい。

1日	1円	8日	128円	15日	16384円	22日	2097152円
2日	2円	9日	256円	16日	32768円	23日	4194304円
3日	4円	10日	512円	17日	65536円	24日	8388608円
4日	8円	11日	1024円	18日	131072円	25日	16777215円
5日	16円	12日	2048円	19日	262144円		
6日	32円	13日	4096円	20日	524288円		
7日	64円	14日	8192円	21日	1048575円		

25日には1600万円以上払わなければならなくなります。全部で3000万円以上です。

直感で、借りる、借りないを決めるのではなく、しっかりと数値を計算しないと、将来大変な目に遭うかもしれませんね。

語りのポイント

ある人の話をする時には、4日まで板書するとよい。

借りるか、借りないかを聞く時には、しばらく時間を取るが、取り過ぎない方がよい。

全部でいくら払うことになるか予想させてもおもしろい。

情報BOX 参考：有田八州『大人のほうがてこずる算数1日1問』すばる舎、P.100

2のn乗の問題。実際に習うのは高校である。しかし、小学生でも地道に計算すればできる。ただ計算させるだけでなく、日常生活の問題に落とし込むことで、算数を学ぶ大切さに気付かせる。

149 プログラミング的思考問題②

★たった3つの指示で生まれる白熱した討論

原実践者：木村重夫（向山洋一構想）／ライター：篠崎栄太

教室での語り

1 指示する通りにノートに図形をかきなさい。

①**ノートに「真四角」をかきなさい。**

②**その中に「三角形」をかきなさい。**

③**その中に「丸」をかきなさい。**

図1　　　図2

かけた図形を黒板に板書させる。多くの児童が図1や図2のようにかく。

2 図3のようにかいた場合、これは正しいか。

「その中に」という指示は何を表すのか。

これは「真四角の中に」とも言えるから正しい。

3 では、図4はどうか。

線を1本引いただけだから×か。三角形の数の　　図3　　　図4

指定はないから○か。

いずれも子どもに説明させる。

4 発展問題として、図5を提示する。

これは正しいかどうか。

ノートに○×と理由を書きなさい。

図5

5 自分が思った通りに図形をかかせたいとき、指示はどのようにすればよいか。順番に一つずつ考えなさい。プログラミング的思考を促す。

語りのポイント

＊最初に図形をかかせたあと、隣の人と見比べさせ、大きさや位置まで全く同じものはないことを確かめる。

＊意図した動きを正確にさせるために、指示を考えることがプログラミング的思考である。

情報BOX　参考文献：木村重夫『教室ツーウェイ　№419』明治図書、2011年11月号
セミナー懇親会で向山洋一氏が紹介した指示をもとに木村氏が構想追試。
プログラミング的思考とは、自分が意図した動きの組み合わせを論理的に考えること。

150 プログラミング的思考問題③

ライター：井上和紀

教室での語り

1 三角形を1段、2段、3段と増やしていきます。

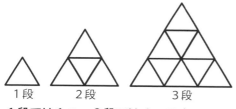

1段　　2段　　　　3段

1段では1つ。2段では4つです。

20段では、三角形はいくつになりますか。

ノートに書きなさい。

書いたら持って来なさい。

どんな方法でもよいです。

（答えは400。もってきたら○か×を付ける。説明はいらない）

> **語りのポイント**
>
> 20段まで計算してくる子、絵を描いて数える子。どれも正しい答えを出すことができる。
> 体力勝負、頭脳勝負、両方考えた子、どれもすばらしいことであると伝える。

　1段では1つ。2段で4つ。3段では、4段では、そして20段では、と一つずつ数えていくのが体力勝負。算数にはこれも大事な力です。

　1段では1つ。2段では4つ。3段では9つ。いくつ増えているか。3つ、5つ。次はいくつ増えるか。こう考えていくのが頭脳勝負。どちらがよいか。これはどちらもすばらしいのです。両方必要な力です。

2　○をもらった子は黒板に書きなさい。**理由も書くのですよ。**

黒板を8等分し、左から1，2，3，…8と書く。

答え、説明の下に名前を書かせる。

図や式を書くのもよい。

情報 BOX　1段目、2段目、3段目がいくつ増えているかを考えると、規則性が見つけやすくなる。1段目の1と20段目の39をたして40。同様に2段目の3、39段目の37をたして40。こうすると40×10＝400となる。

---

151 宇宙に生命は存在するか

★地球外文明の数を式で表したドレイク方程式と出会っていない矛盾を指摘したフェルミのパラドックス

ライター：岩井俊樹

教室での語り

1 ドレイク方程式

宇宙には生命がいると思いますか？　いると思う人？　いないと思う人？

アメリカの天文学者であるフランク・ドレイクは、宇宙に生命が存在するかを1年間に星が誕生する数や生き物が生存できる星の数、その星ができる確率などを数値化して計算しました。計算結果だと、人類が出会うことのできる生命が宇宙に10個あるそうです。信用できる人？　怪しいなと思う人？

2 フェルミのパラドックス

宇宙には、たくさんの星があり、どこかに生命が存在できる星があると多くの科学者は言います。でも、人類は地球以外の生命と出会ったことがありません。では、彼らはどこにいるのでしょう？

どこかにいるはずなのに、出会ったことがない。これをフェルミのパラドックスと言います。このような仮説が出されています。

① 宇宙に生命はいるが、電波のようなもので、人類の目には見えない。

② 宇宙に生命はいるが、通信できるだけの科学技術の発展ができない。

③ 宇宙に生命はいるが、絶滅したり、進化前だったりするため、今はいない。

④ 宇宙に生命はいるが、秘密にされている。

⑤ 宇宙に生命はいない。

他にも様々な仮説があります。

宇宙に生命はいるのか。そんなことを考えながら、夜空を眺めてみるのもいいかもしれませんね。

語りのポイント

「いるのかな？」「いないのかな？」とワクワクした雰囲気を出し、笑顔で語る。

情報BOX

参考：工作と理科あそー ch『ドレイクの方程式徹底解説』YouTube
広い宇宙に地球人しか見当たらない75の理由（青土社）スティーヴン ウェッブ著
他にも「動物園の動物のように、宇宙人の制限あるため（保護区仮説）」「既に地球に来ていて、人類はその子孫である」など、多くの説がある。

152 素数ゼミの不思議
★生き残った理由は素数にあった

ライター：岩井俊樹

教室での語り

　ある年になると大量発生するセミがいます。ある年とは13年と17年です。13と17。何か気づくことはありませんか？　そう、素数です。だから、これらのセミを素数ゼミと言います。

　なぜ素数年の周期で大量発生するのでしょうか？

　理由は、天敵に食べられないからです。

　ここに3年周期で大量発生する鳥、4年周期で大量発生する鳥、13年ゼミがいたとしましょう。スタートはそろえます。3年周期で大量発生する鳥は（数字に○をつける）、3の倍数である3、6、9…39年目に大量発生する。4年周期で大量発生する鳥は、4の倍数である4、8、12…40年目に大量発生する。13年ゼミは、13年目に大量発生する。

　すると、これらの天敵に食べられないですむのです。天敵と同じ年に大量発生するのは、最小公倍数である39年と52年になります。

　もし、12年ゼミだったら、12年、24年、36年と、大量発生する度に天敵がいるのです。だから、長い歴史の中で12年ゼミや14年ゼミは絶滅し、素数ゼミが生き残ったのです。

語りのポイント

数字に○をつけ、視覚的に大量発生する年が重ならないことがわかるようにする。

```
○鳥（3年）  △鳥（4年）  □13年ゼミ
  1    2   ③④  5    6⃝  7   ⑧ ⑨ 10
 11  ⑫ 13  14  ⑮ ⑯ 17  ⑱ 19 ⑳
 ㉑  22  23 ㉔ 25  ㉖ ㉗ ㉘ 29 ㉚
 31 ㉜ ㉝ 34  35 ㊱ 37  38 ㊴ ㊵
```

＊（左図）○…3年周期の鳥、△…4年周期の鳥、□…13年周期のセミ

情報BOX

参考：吉村仁『素数ゼミの謎』文藝春秋
天敵に食べられないというのは、有力な説の一つである。他にも13年や17年ゼミだと他の周期のセミとの最小公倍数が大きくなるので、交雑しにくい、一度に大量発生することで生き残りやすくなるという説もある。

153 なぜハチの巣は正六角形なのか？
★効率よく頑丈な巣をつくる「ハニカム構造」

ライター：篠崎栄太

教室での語り

1 ハチの巣の部屋はどんな形をしていますか。

六角形ですね。なぜハチの巣は六角形なのでしょうか。

2 丸い体のハチの子には、円に近い部屋の方がよいですね。

でも、それでは部屋と部屋の間に隙間が空いてしまいます。

ですから、平面に隙間なく敷き詰められる形を探しましょう。

正三角形、正方形、正六角形の3つが考えられます。

この中でハチは最も円に近い六角形を選んだのですね。

3 また、一点からのびる辺の数が、正六角形は一番少ないのです。

みんながノートに図形をかくのとは違って、ハチはこの「点」から壁を作っていきます。

ですから、ハチにとっては正六角形が最も作りやすい形なのです。

語りのポイント

＊1㎠を作るときに必要な周の長さについても触れたい。
- 正方形…4㎝
- 正三角形…約4.5㎝
- 正六角形…約3.72㎝

ハチは最小の材料と労力で巣を作っているのである。

情報BOX　参照：ミミクリーズ『はちのすのヒミツ』NHK for School

正六角形、または正六角柱を隙間なく並べた構造のことを「ハニカム構造」と呼ぶ。これは、強度を損なわずに、できる限り必要な材料を少なくできる構造として、幅広い場面で使用されていて、飛行機の翼や人工衛星の壁にも応用されている。

154 ヘビの脳、犬の脳、人の脳
★脳の三層構造のイメージがすっと入る語り

原実践者：向山洋一／ライター：篠崎栄太

教室での語り

1 　人間の脳には三層の構造があります。

　一番中心にあるのがヘビの脳です。

　呼吸をしたり、心臓を動かしたり、食べたり、眠ったりするための脳です。生きるために必要なことだけをします。

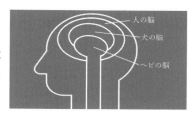

2 　その外側にあるのが犬の脳です。

　これは自分の家族がわかります。犬は家族にワンワン吠えないでしょう。

　この脳は仲間のこと、みんなのことを大事にすることができるのです。

　でも、人のことをいじめたり、悪口を言ったりすると、アドレナリンという物質が脳を攻撃します。

　脳は良いことをすると発達するけれども、悪いことをすると壊れるようにできているのです。

3 　一番外側にあるのが人の脳です。これは色んなことを考えたり、覚えたり、言葉を使ったりするための脳です。

　算数のお勉強ができるのもこの脳のおかげですね。

　人間の脳はとても優れているのです。

　脳に良いことをすれば脳はきちんと発達して、多くのことを果たせます。

語りのポイント

＊3つの脳をイメージさせる。
①右手の親指を下に向けさせる。
　（この親指がヘビの脳）
②そのまま親指を包むように握らせる。（犬の脳）
③反対の手で右手を全て包むように握らせる。（人の脳）できているのです。

情報BOX

原実践：向山洋一『向山洋一の最新授業CD 4年算数「小数」第5巻』
向山はこの話の中で『脳内革命』（サンマーク出版）の著者・春山茂雄を子ども達に紹介している。
3つの脳はそれぞれ中心から「脳幹」「大脳辺縁系」「大脳新皮質」である。

155 生まれて100歳までは何秒か
★子どもが思わず電卓で計算したくなる問題

ライター：篠崎栄太

教室での語り

1 みんなは生まれてから100歳まで生きるとします。
その時間は大体何秒くらいだと思いますか。
（10万秒？）（100万秒？）（1億秒？）
計算してみましょう。

2 まず、100年は「何日」ですか。
1年は365日です。（365×100＝36500日）

3 次に、36500日は「何時間」ですか。
1日は何時間でしたっけ。（24時間）
ということは？（24×36500＝876000時間）

```
    3 6 5 0 0
  ×     2 4
  1 4 6 0
  7 3 0
  8 7 6 0 0 0
```

4 それは「何分」ですか。1時間は60分。（876000×60＝52560000分）
「5256万分」です。想像できませんね。
さあ、秒に直しましょう。
（52560000×60＝3153600000秒）
「31億5360万秒」です。

5 世界の人口が何人か知っていますか。
およそ78億人と言われています。
生まれてから100年の間、1秒間に2人の
人と会ったとしても、世界中のすべて人と会
うことはできないのです。
それだけたくさんの人がいる中で、みんな
はこの教室で一緒になったのですね。

語りのポイント

＊子どもが自ずとノートやメモ帳
を机から出し、筆算を始めたら
すかさずほめてやる。
＊数が大きくなったら教師が電卓
を使って見せてやってもよい。
＊大きな数は4桁ずつ区切ってし
っかりと読ませたい。

情報BOX　日本の人口はおよそ1億2000万人。100歳までに全員と会うためには、1年で120万人と会う必要がある。1日で約3287人だ。
自分が生まれてから何秒経ったのかも計算させたい。12歳なら「3億7843万2000秒」である。

156 紙を42回折ると月に届く
★たった1枚の新聞紙でも月まで到達できる！

ライター：松本菜月

教室での語り

　たった1枚の厚さ0.1㎜の新聞紙を1回折ったら厚さは何㎜になるでしょう？（指名0.2㎜）では、2回折ったら？（指名0.4㎜）3回折ったら？（指名0.8㎜）1回折るたびに、厚さは倍に倍になっていきますね。では10回折ったら厚さはどれだけになるでしょうか。102.4㎜です。ということは、10㎝を超えるのですね。では、

　15回折ったら…？　3mを超えます。教室の天井の高さ（3m）よりも高くなるのです。23回折ると…？

　830mを超えます。東京スカイツリーよりも200m高くなります。25回折ると、3000mを超えます。富士山と同じくらいです。そうやって何度も何度も折って、42回折ると…折った紙の厚さは、約44万km になります。地球から月までの距離は、約38万km です。身近にあるペラペラでやわらかいたった1枚の新聞紙でも、算数の世界では、月までたどり着くことができるのですね。家で実際に折らないでね。家の屋根を壊しちゃうから（笑）。（ただし、実際はせいぜい8回までしか折ることができない）

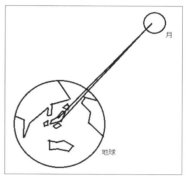

月

地球

語りのポイント

＊実際に計算させながら語っても良い。電卓を持たせても良い。1回折るたびにどんどん厚みが増えていくことが実感できる。

＊テンポ良く語る部分と、焦らす部分のメリハリをつけると盛り上がる。

情報BOX

原実践：『向山型算数教え方教室』「新聞紙で宇宙へ」木村重夫氏論文、2009年8月号

157 算用数字と漢数字どちらが優れているか
★なぜ、算用数字では筆算ができるのだろう

原実践者：向山洋一／ライター：松本菜月

教室での語り

【板書】二百×三百五

　計算してごらんなさい。漢数字のまま、筆算にしてもかまいません。（しばらく自由に計算させる）（できません）どうしてできないのでしょう。（位取りができないからです）漢数字は、数を表すために作られているので、計算には向きません。みなさんは、「200×305」をそろばんや計算機がなくても筆算で計算できますね。

　筆算のときに私達が使っている数字は、どこで生まれたのでしょう？　時代ははっきりしていませんが、大昔のインドで生まれました。

　インドではそろばんが発達せず、30cmほどの白板に赤い粉を撒いて、棒で数字を書いて計算していました。

　そのため、場所をとらない計算に便利な方法を考え出したのです。数字を書く場所に、一の位、十の位、百の位…を使う「位取り」の方法です。これなら、10個の数字でどんな数も表すことができます。

　また、書いて計算する時には、数字が無い位に「何も無い」ということを表す必要があります。でないと、17なのか、107なのかがあやしくなります。みなさんなら何を書きますか？0ですね。0はインド人が発明したのです。

語りのポイント

* 「漢数字では計算ができない」「位取りができない」と言った子を大きくほめる。
* 実際に、筆算をさせて、算用数字の便利さを実感させても良い。
* 板書も活用し、視覚情報も効果的に活用する。

情報BOX　原実践：向山洋一　飛翔期向山洋一実物資料集12学級経営編学級通信スナイパー①p.23
〈二百×三百五〉というような計算をさせた。（中略）〈ゼロの発見、位取りの発見〉こそ、演算を可能にした事を（中略）話した。
（大沼靖治『プレゼンで算数エピソードを語る「数字の歴史」』TOSSランド）

158 数を知らない羊飼いの数え方
★「1」だけでたくさんの羊を数えるには？

原実践者：向山洋一／ライター：松本菜月

教室での語り

　昔、昔、数字というのは1と2。たった2つほどの数字しかありませんでした。羊飼いは、草を食べさせるためにたくさんの羊を連れていきます。戻ってくる時に、ちゃんと同じ数だけ羊を戻らせないといけません。

　ある日、羊飼いは不安になりました。「毎日、全部の羊がきちんと戻ってきているのだろうか？」では、どうすればたくさんの羊を確認できるでしょうか。(語った上で子どもに発問する。その後、教師がさらに語る) どのようにしたかというと、羊を1匹通過させるたびに、袋の中に1個ずつ石を入れます。

　さらにもう1匹通過させるときに、石をまた1個入れます。このように羊が通過する度に、石を袋に入れていきます。

　しばらくすると、羊が草を食べて戻ってきます。戻ってきた羊が通過するときに、今度は袋の中から石を取り出します。

　そうすると袋の石がなくなった時が、羊が全部戻ってきたということになります。まだ、袋に石が残っているのなら、帰ってきていない羊がいるということです。

　このように、数字が1と2しかなくてもたくさんの羊を数えることができたのです。

語りのポイント

＊発問をした際には、子ども達のどの意見も認める。

＊袋と小石の板書をしながら、また、袋に小石を出し入れするジェスチャーをしながら語る。イメージがつかみやすく、わかりやすくなる。

情報BOX

原実践：向山洋一『向山の授業理論035教育実践の基本用語・基本概念』P.19
数が数えられない少年が、何十頭かの羊をつれて草原に行き、1匹残らず連れて帰ってくる。どうして、数がわかるのか。
（戸村隆之『知的な向山氏の0の語りを再現する』TOSSランド）

難問「平行四辺形を探せ」

★教えないで×をつけ、挑発する。だから子どもは熱中する

原実践者／ライター：木村重夫

教室での語り

1「この形の中に、平行四辺形は何個ありますか」

「答えが書けたらノートを持っていらっしゃい」

　4年生で学習した平行四辺形の復習である。

　教師は何も教えない。しばらく待つ。

2　**〇か×だけつける。教えない。**

　持ってきた答えを見て次々と×をつける。子どもが×に抵抗を持つようなら「✓（チェック）」をつけてもよい。「ええー？」と言いながら席に戻る子。何度もチャレンジさせる。ここで大切なことは**教師が教えない**ことだ。子どもが自力で解いて「やったー！」と喜ぶ場面を奪ってはならない。しばらくしても正解が出ない場合は**「もう降参ですか？」「参りましたか？」**と言って**挑発する**と「待ってー！」「絶対解いてやる！」と盛り上がる。

3　**「どの形が何個」と場合分けできる答えは優秀**

　早く正解が出せた子には、**「どんな形が何個かわかるように図をかいてごらん」**と指示すると時間調整になり、できない子の参考にもなる。

13個　　5個　　5個　　**答え28個**

2個　　2個　　1個

情報BOX　出典：向山洋一編著／木村重夫著『お父さんが教える算数ワークブック　小学校5年生』主婦の友社

平行四辺形の定義　「向かい合っている2組の辺がそれぞれ平行な四角形を平行四辺形という」（『算数教育指導用語辞典』教育出版、P.157）

160 立方体の中の立方体
★空間認識の基本が問われる問題

原実践者／ライター：木村重夫

1

難問

次の立方体の中に立方体は何個ありますか。

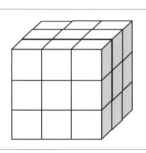

2

「ルービックキューブ」というおもちゃで遊んだ子ならイメージしやすいだろう。

見えない向う側にも立方体が積まれている。27個ではない。

 1個の立方体は27個。

 8個の立方体が8個。

 27個の立方体が1個。
合計36個である。

語りのポイント

ポイントは8個の立方体である。手前、奥、左右、上下に8個あることが理解できるかどうか。積み木の実物で見せるとわかりやすい。

情報BOX 参考文献：向山洋一編著／木村重夫著『お父さんが教える算数ワークブック　小学6年生』主婦の友社、P.57

マッチ棒のピラミッド
★変化の決まりを見つけよう

原実践者／ライター：木村重夫

教室での語り

図のように、ある決まりにしたがって、マッチ棒を並べていきます。7番目のとき、マッチ棒は何本使いますか。

1番目　　　2番目　　　　3番目　　　　　　4番目

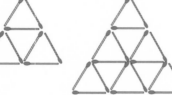
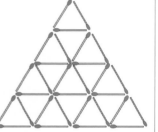

【解説・解答】三角形の数をみていく。

1個　　3個　　6個　　　10個　　15個　　　21個　　　28個

＋2　　＋3　　＋4　　　＋5　　　＋6　　　＋7

三角形が28個になるので、3本×28個＝84本　　　答え84本

情報 BOX　出典：向山洋一編著／木村重夫、赤石賢司著『お父さんが教える算数ワークブック 小学5年生』主婦の友社、P.58

162 100までの数から順に消す

★2の倍数でも3の倍数でも5の倍数でも7の倍数でもない数は？

原実践者／ライター：木村重夫

教室での語り

1

> 難問
>
> 　1から100までの数のうち、2の倍数でも3の倍数でも5の倍数でも7の倍数でもない数は、何個ありますか。

　問題を出したら時間をたっぷり与えること。すぐにヒントなどを与えてはならない。子どもが自分の力で解く喜びを奪ってはならない。

　この問題は1から100までの数字をすべて書き出し、倍数にあたる数を順々に消していく「体力派」の解き方が基本である。

1	2	3	4	5	6	7	8	9	10
11	12	13	14	15	16	17	18	19	20
21	22	23	24	25	26	27	28	29	30
31	32	33	34	35	36	37	38	39	40
41	42	43	44	45	46	47	48	49	50
51	52	53	54	55	56	57	58	59	60
61	62	63	64	65	66	67	68	69	70
71	72	73	74	75	76	77	78	79	80
81	82	83	84	85	86	87	88	89	90
91	92	93	94	95	96	97	98	99	100

2

　解答・解説である。できれば難問を解いた子どもに解説させたい。2の倍数で半分が消える。

2の倍数	→	プラス3の倍数	→	プラス5の倍数	→	プラス7の倍数

 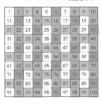 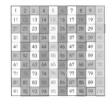 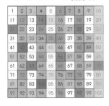

　残った数字は、「1, 11, 13, 17, 19, 23, 29, 31, 37, 41, 43, 47, 53, 59, 61, 67, 71, 73, 79, 83, 89, 97」の22個である。

情報BOX　出典：向山洋一編著／木村重夫著『お父さんが教える算数ワークブック 小学6年』　主婦の友社、P.58

163 1は何回使われている？
★1から999までの数で1は何回使われているか

原実践者：向山洋一／ライター：高橋大智

教室での語り

1 1から999までの数で1は何回使われますか。全部書けば解けますから全部書いても構いませんよ。（笑顔で語る）

2 皆さん苦戦しているのでヒントをあげましょう。この表で1の付いている数は何ですか。（児童の答えを聞きながら右図のように○を付けていく）何個あるか数えてご覧なさい。1〜99までの数字に、1が付く数字はいくつありましたか。19回使われているんだな。ということは、100〜199も200〜299も… 900〜999も19回ずつ使われているんだな。

（教師がわざと間違え、子どもに指摘させ称賛する場面を作る）

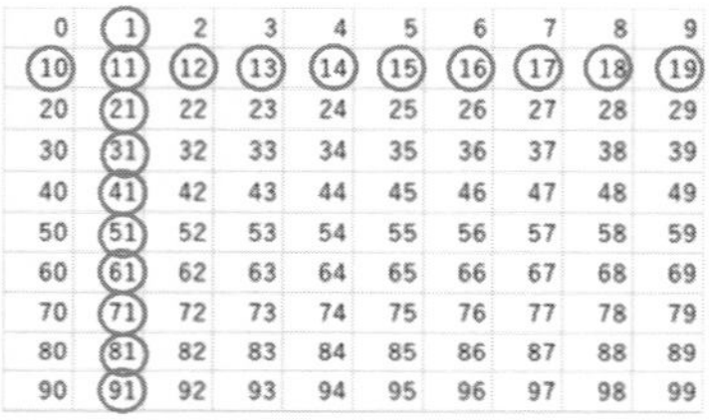

3 できたら持ってらっしゃい。

19×10＝190で持ってきた子に X を付け、19×9＋100＝271の子に大きく丸を付けるのである。

その時に「○○さんができました」などと実況すると、士気が上がり効果的である。

0	1	2	3	4	5	6	7	8	9
10	11	12	13	14	15	16	17	18	19
20	21	22	23	24	25	26	27	28	29
30	31	32	33	34	35	36	37	38	39
40	41	42	43	44	45	46	47	48	49
50	51	52	53	54	55	56	57	58	59
60	61	62	63	64	65	66	67	68	69
70	71	72	73	74	75	76	77	78	79
80	81	82	83	84	85	86	87	88	89
90	91	92	93	94	95	96	97	98	99

100	101	102	103	104	105	106	107	108	109
110	111	112	113	114	115	116	117	118	119
120	121	122	123	124	125	126	127	128	129
130	131	13				全て		138	139
140	141	14						148	149
150	151	15						158	159
160	161	162	163	164	165	166	167	168	169
170	171	172	173	174	175	176	177	178	179
180	181	182	183	184	185	186	187	188	189
190	191	192	193	194	195	196	197	198	199

語りのポイント

＊赤で○を付けると数えやすくなる。

＊1〜99までで、1の付く数字が19個あることや、100代の数字だけ規則性と異なることに気付くことのできた子を「頭がいいな」などと褒める。

情報BOX 原実践：向山洋一『教え方のプロ・向山洋一全集24「向山型算数」以前の向山の算数』明治図書、P.120
類似した問題に「1から999までの数を全て足すといくつになるか」というのがある。足して999になるペアが500あるため999×500になる。

164 異なる硬貨の金額は何通り？
★増え方の規則性に気付かせる

原実践者：向山洋一／ライター：高橋大智

教室での語り

1 　1円玉1枚では、何通りの金額ができますか。1通りだな。5円玉、1円玉が1枚ずつだと何通りの金額ができますか。3通りだな。（右図のように書きながら3枚までテンポよく行い、4枚は児童に考えさせる）

2 　1通りから3通り、3通りから7通り。（矢印を書きながら語る）それぞれいくつずつ増えていますか。

　（右図のように＋2、＋4……と書き込みながら語る）この矢印のように増えていくとすると、100円玉、50円玉、10円玉、5円玉、1円玉1枚ずつの硬貨5枚だと何通りの金額ができますか。先生がひと目見てわかるようにこの続きをノートに書いてもってらっしゃい。増えた数は前の通りの2倍になっているから、15通りに16をたした31通りだな。

3 　では、500円玉、100円玉、50円玉、10円玉、5円玉、1円玉、1枚ずつの硬貨6枚だと何通りの金額ができますか。

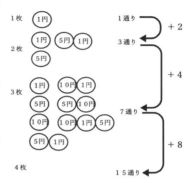

語りのポイント

＊「1枚ずつ」・「何通り」などのキーワードにアクセントをつけて語る。

＊矢印を書きながら、いくつずつ増えるか児童に回答させ、4枚や5枚のときにどう増えているか予測させる。

情報BOX　原実践：向山洋一『教え方のプロ・向山洋一全集24「向山型算数」以前の向山の算数』明治図書、P.120
「起こり得る場合を考える際に、落ちや重なりなく調べるには、観点を決めて考えていく」（『H29小学校学習指導要領解説　算数編』P.314）

165 ひきつける算数話　12角形の対角線は何本か

★体力勝負派も、知的解決派も、算数のすごさに夢中になる「難問」

原実践者：向山洋一／ライター：光川　崇

教室での語り

1　6角形の対角線を数える

（映し出す）　6角形の対角線、何本ありますか。（線を引いて見せる）

1、2、3、（間を開ける）4、5、6、（間）7、8、（間）9（間）何本？　9本だね」

2　式を考える　右のプリント（白黒）を配る。

「6角形の対角線、9本。式はどうなりますか。

式が書けた人は、持ってきなさい」黒板に書かせる。

12角形の対角線の数を予想する

3　「次は、12角形。対角線、予想できる人？」

何人か当てる。（例えば2倍の）18本より上か、下か、全員に挙手させる。

4　対角線を書き、式を考える

「対角線を書いて、式が書けたら、持って来なさい」教師は〇か×だけ、つける。

9＋9＋8＋7＋6＋5＋4＋3＋2＋1＝54等、出てくる。黒板に書いて発表。

5　対角線を全部書かなくてもわかる方法で、考える

「対角線を全部書かずに、答えを出せるやり方があります。

6角形、1つの頂点から3本ずつ、引けますね。（線を引いて見せる）

3×6＝18。9にするので÷2。3×6÷2＝9の÷2の意味、わかる人？」

重なっているから2で割る、等。「では、12角形の式は？」ノー

トに書けたら、持って来なさい」9×12÷2＝54　54本となる。

とても書けない「100角形の対角線」を扱うと、算数のすごさに

驚く。中学生以上なら、さらに「n角形の対角線」を考えさせたい。

（n－3）×n÷2＝n（n－3）／2（本）何角形でも求められることに感動する。

情報BOX

出典：向山洋一　難問5問　①12角形の対角線は何本ですか。『教え方のプロ全集24「向山型算数」以前の向山の算数』明治図書、P.120

166 100チームでトーナメント。試合数は100−1=99。1は？

★「全くわからない」からスタートして、最後は全員が納得できる「難問」

原実践者：向山洋一／ライター：光川　崇

教室での語り

1　100チームでトーナメント。全部で何試合か、予想する

映し出す。「トーナメント、対戦していくと、優勝が決まります。
100チームだと、全部で何試合になるか、予想します。

2　8チームで考える

「100チーム、多いので、減らします」映し出す。

「8チームだと、何試合ですか。数えてみて。ノートに書けた
ら、立ちます」

8チームで7試合と出る。「式は?」と問う。式8−1=7　7試合と出る。

3　16チームで考える

「次は、16チーム。16チームのトーナメント表を書きなさい」映し出す。

「表、式、答えの3点セット、書けたら、持って来なさい」

教師は〇か×だけ、つける。式16−1=15　15試合と出る。

4　100チームで考える

「100チームに戻ります。100チーム、式と答え、書けたら、立ちます」

「1番、2番…」とカウント。式100−1=99　99試合と出る。

5　1が何を表すか、考える

「3つとも、1を引いているね。この1は、何を表していますか。
わかった人は先生にこっそり言いに来て」（両手を耳にあてる）

みんなに聞こえないようにして言わせるから、自信が無い子でもドキドキしな
がら言いに来る。この1は勝ち残ったチーム、すなわち、優勝チームを表してい
ることに気づく子が出てくる。当てた子をすごくほめる。もちろん、大喜びだ。

情報BOX　出典：向山洋一　算数オリジナルプリント編『教え方のプロ全集24「向山型算数」以前の向山の算数』明治図書、P.150

167 簡単な原理を組み合わせる

★原理を組み合わるプログラミング的思考で、入試問題も解ける!

原実践者：向山洋一／ライター：光川　崇

教室での語り

1 **高校入試の問題を見る**　「BD=DE=EC、AF=FG=GH=HD、AI=IJ=JEです。△ABCは72㎠、斜線の面積を求めます」

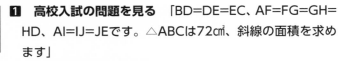

2 **原理を1回使って解く**　「問題を簡単にします。△ABCは24㎠、BD=DE=ECのとき、斜線の面積を求めます。三角形の面積=底辺×高さ÷2から説明できます。△ABD、△ADE、△AECを比べると底辺はBD=DE=ECで同じ、頂点は全てAで高さも同じ。3つとも同じ面積なので24÷3=8㎠。問題を解くのに使ったきまりを原理と言います。

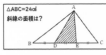
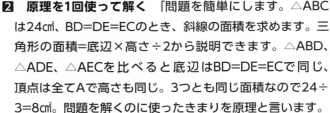

3 **原理を2回使って解く**　頂点EとFを線で結びなさい。△EHD、△EGH、△EFG、△EAFは面積が等しいです。この原理が言える人?」底辺、高さが同じだから4つとも同じ面積。「△EGHの面積を答えなさい」8÷4=2㎠です。

4 **原理を3回使って解く**　GとEを線で結びなさい。「原理を使って△GEA、△GJIを求めなさい」△GJI=12÷3=4㎠。

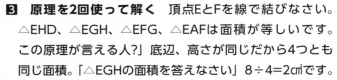

5 **原理を4回使って解く**　「△JGHは△DJAの面積を求めると出せます。原理を使って△DJA、△JGHを求めなさい」△DJE、△DIJ、△DAIは高さが同じ、底辺も同じだから3つとも面積も同じ。△DJAはその2つ分。△DJA=24÷3×2=16㎠。△JAF、△JFG、△JGH、△JHDは高さが同じ、底辺も同じだから4つとも面積が同じ。

　　△JGH=16÷4=4㎠。△GIJ+△JGH=4+4=8㎠。

情報BOX　出典：向山洋一　子どもが熱中する学習ゲーム的学習システム『教え方のプロ全集24「向山型算数」以前の向山の算数』明治図書、P.155

あとがき

　安全主任として、全校児童の前で「交通安全」について話す機会がありました。「道路への飛び出しは危険ですよ」などと話すのは「お説教」です。これはあまり聞いてもらえません。そこで、私自身の子どもの頃の体験談を話すことにしました。

> 　先生が小学生のときです。柔らかなカラーボールと竹で作ったバットで野球をしていました。お兄さんが打ったファールボールが、広場から道路に飛んでいってしまいました。先生はそのボールを拾いたくて、友達と競走で追いかけました。道路の向こう側にころがった黄色いボールを見て、「オレの方が先に拾うぞ！」と本気で走りました。先生はボールしか見えていなかったのです。道路に飛び出した瞬間、キキーッ！とすごい音がしました。突然飛び出した子どもに、車が急ブレーキを踏んだ音です。車は先生のすぐ横30㎝くらいの所で止まりました。

　全校児童がシーンと聞いていました。誰も頭が動きません。口を開けている子もいました普通の集会では誰かの頭が動いているものです。場面を描写して話すこと、これが"語り"です。子どもは"語り"ならば聞いてくれます。修学旅行の夜に、希望する子ども達を一室に集めて懐中電灯だけの暗闇で語った「怖い話」は、毎回大人気でした。

　"語り"の素晴らしさを教えてくださったのは、私のお師匠さんである向山洋一先生です。本書17ページで紹介した「わかんねー」神様の語りは、優しさとユーモアたっぷりで引き込まれます。向山氏から何度も「お説教じゃなく、描写せよ」と教えられました。"語り"について向山氏は次のように言われました。

> 　子どもは先生の話が好きです。先生が旅行した話など大好きです。（中略）宇宙の話もしました。旅の話はもちろんしました。成功した人の話もしました。子ども達は毎日のように「先生のお話して」と言っていました。子ども達にお話をしていますか。教師自身が体験したことがいいのです。

　"語り"の魅力を教えてくださった向山洋一先生に感謝の気持ちでいっぱいです。
　算数の"語り"を中心に、全国の力ある先生たちに執筆していただきました。
　学芸みらい社・樋口雅子編集長には様々にサポートしていただき、ありがとうございました。表紙カバーデザイン、「先生のイラスト」はグラフィックデザイナーの息子・和人が描いてくれました。周りからは「しっかり前を見据えたイラストは教師を元気にする」とたいへん好評でとても嬉しく思います。
　　　令和４年３月

　　　　　　　　　　　　　　向山型算数セミナー事務局代表　　　木村重夫

◎執筆者一覧

林　健広	山口県公立小学校
津田奈津代	埼玉県公立小学校
赤塚邦彦	北海道公立小学校
中田昭大	北海道公立小学校
勝田　仁	北海道公立小学校
布村岳志	北海道公立小学校
小西亮人	北海道公立小学校
並木友寛	千葉県公立小学校
古橋鶴代	福井県公立小学校
五十嵐貴弘	北海道公立小学校
溝口佳成	滋賀県公立小学校
細井俊久	埼玉県公立小学校
桜沢孝夫	埼玉県公立小学校
徳本孝士	神奈川県公立小学校
利田勇樹	東京都公立小学校
竹内進悟	長野県公立小学校
前平　勝	鹿児島県公立中学校
山崎克洋	神奈川県公立小学校
川田啓輔	神奈川県公立小学校
宮森裕太	神奈川県公立小学校
井上和紀	新潟県公立小学校
前崎　崇	東京都公立中学校
大井隆夫	福岡県公立学校
髙橋大智	栃木県公立小学校
加藤佑典	富山県公立小学校
石坂　陽	石川県公立小学校
小島庸平	東京都公立小学校
岩井俊樹	愛知県公立小学校
篠崎栄太	神奈川県公立小学校
松本菜月	栃木県公立小学校
光川　崇	福井県公立中学校

◎編著者紹介

木村重夫（きむら しげお）

1983年、横浜国立大学卒業。
埼玉県公立小学校教諭として34年間勤務。
2018年〜現在、日本文化大学講師。
TOSS埼玉代表、TOSS祭りばやしサークル代表を務める。
〈著書・編著〉
『成功する向山型算数の授業』『続・成功する向山型算数の授業』
『算数の教え方には法則がある』（明治図書出版）
『教室熱中！めっちゃ楽しい 算数難問１問選択システム』１〜６年生レベル相当編
『教室熱中！めっちゃ楽しい 数学難問１問選択システム』中学・高校レベル相当編（学芸みらい社）
〈共同開発〉
『うつしまるくん』（光村教育図書）
『向山型算数ノートスキル』（教育技術研究所）

算数授業に効く！
"とっておきの語り" 167選
4〜6年生編

GAKUGEI
MIRAISHA

2022年4月10日　初版発行

編著者　木村重夫
発行者　小島直人
発行所　株式会社学芸みらい社
　　　　〒162-0833　東京都新宿区箪笥町31　箪笥町SKビル3F
　　　　電話番号 03-5227-1266
　　　　https://www.gakugeimirai.jp/
　　　　E-mail : info@gakugeimirai.jp
印刷所・製本所　藤原印刷株式会社
企　画　樋口雅子
校　閲　佐分利敏晴
校　正　菅　洋子
カバーイラスト　木村和人
本文組版　本郷印刷KK

ISBN978-4-909783-91-2 C3037

算数授業に効く！

1〜3年生編

"とっておきの語り"175選

木村重夫〔編著〕　A5判 並製：184ページ予定／予価：2,400円＋税
ISBN:978-4-909783-90-3 C3037

「算数って面白い！」子どもが身を乗り出してくる、教師の声かけ実例集！

子どもを励まし、やる気にさせる「語り」の
ポイントを学年ごと、単元ごとにまとめた
算数授業の最新版。GIGA時代にも対応し、
タブレットやパソコンで的確に教える
ための教具や用語の使い方、授業での発問・
指示・説明の場面などをわかりやすく解説。

ICT活用
学力づく
＋
基礎基本の
やる気を出
教師の語り

もくじ より抜粋

※内容は変更する場合がございます。

授業の腕が上がる新法則シリーズ　全13巻

監修：谷 和樹（玉川大学教職大学院教授）

新指導要領対応！

新教科書による「新しい学び」時代、幕開け！
2020年度からの授業スタイルを「見える化」誌面で発信！

4大特徴

| 基礎単元＋新単元をカバー | 授業アイデア＆スキル大集合 |
| 授業イメージ、一目で早わかり | 新時代のデジタル認識力を鍛える |

◆「国語」授業の腕が上がる新法則
村野 聡・長谷川博之・雨宮 久・田丸義明 編
978-4-909783-30-1　C3037　本体1700円（＋税）

◆「社会」授業の腕が上がる新法則
川原雅樹・桜木泰自 編
978-4-909783-32-5　C3037　本体1700円（＋税）

◆「算数」授業の腕が上がる新法則
木村重夫・林 健広・戸村隆之 編
978-4-909783-31-8　C3037　本体1700円（＋税）

◆「理科」授業の腕が上がる新法則※
小森栄治・千葉雄二・吉原尚寛 編
978-4-909783-33-2　C3037　本体2400円（＋税）

◆「生活科」授業の腕が上がる新法則※
勇 和代・原田朋哉 編
978-4-909783-41-7　C3037　本体2400円（＋税）

◆「音楽」授業の腕が上がる新法則
関根朋子 編
978-4-909783-34-9　C3037　本体1700円（＋税）

◆「図画工作」授業の腕が上がる新法則
　1～3年生編※
酒井臣吾・谷岡聡美 編
978-4-909783-35-6　C3037　本体2400円（＋税）

◆「図画工作」授業の腕が上がる新法則
　4～6年生編※
酒井臣吾・上木信弘 編
978-4-909783-36-3　C3037　本体2400円（＋税）

◆「家庭科」授業の腕が上がる新法則
白石和子・川津知佳子 編
978-4-909783-40-0　C3037　本体1700円（＋税）

◆「体育」授業の腕が上がる新法則
村田正樹・桑原和彦 編
978-4-909783-37-0　C3037　本体1700円（＋税）

◆「道徳」授業の腕が上がる新法則
　1～3年生編
河田孝文・堀田和秀 編
978-4-909783-38-7　C3037　本体1700円（＋税）

◆「道徳」授業の腕が上がる新法則
　4～6年生編
河田孝文・堀田和秀 編
978-4-909783-39-4　C3037　本体1700円（＋税）

◆「プログラミング」授業の腕が上がる新法則
許 鍾萬 編
978-4-909783-42-4　C3037　本体1700円（＋税）

各巻A5判並製
※印はオールカラー

激動する社会の変化に対応する教育へのパラダイムシフト ―― 谷 和樹

　PBIS（ポジティブな行動介入と支援）というシステムを取り入れているアメリカの学校では「本人の選択」という考え方が浸透しています。その時の子ども本人の心や体の状態によって、できることは違います。それを確認し、あくまでも本人にその時の行動を選ばせるという方法です。これと教科の指導とを同じに考えることはできないかも知れません。しかし、「本人の選択」を可能にする学習サービスが世界的に広がり、増え続けていることもまた事実です。

　また、写真、動画、Webページなど、全教科のあらゆる知識をデジタルメディアで読む機会の方が多くなっているのが今の社会です。そうした「デジタル読解力」について、今の学校のカリキュラムは十分に対応しているとは言えません。

　子どもたち「本人の選択」を保障する考え方、そして幅広い「デジタル読解力」を必須とする考え方を公教育の中で真剣に考える時代が到来しつつあります。

　本書ではこうしたニーズにできるだけ答えたいと思いました。

　本書の読者のみなさんの中から、そうした問題意識をもち、一緒に研究を進めていただける方がたくさん出てくださることを心から願っています。